Kohlhammer Taschenbücher | Bürger im Staat

Band 1065

Herausgegeben von der
Landeszentrale für politische Bildung
Baden-Württemberg

Heimat heute

Mit Beiträgen von

Hermann Bausinger
Otto Friedrich Bollnow
Konrad Buchwald
Rainer Jooß
Albrecht Lehmann
Hans-Georg Wehling

Redaktion: Hans-Georg Wehling

Verlag W. Kohlhammer
Stuttgart Berlin Köln Mainz

CIP-Kurztitelaufnahme der Deutschen Bibliothek

Heimat heute

mit Beitr. von Hermann Bausinger ... Red.: Hans-Georg Wehling.
Stuttgart, Berlin, Köln, Mainz: Kohlhammer, 1984.
   (Kohlhammer-Taschenbücher; Bd. 1065: Bürger im Staat)
   ISBN 3-17-008153-5

NE: Bausinger, Hermann Mitverf.; GT

Alle Rechte vorbehalten
© 1984 W. Kohlhammer GmbH
Stuttgart Berlin Köln Mainz
in Verbindung mit der
Landeszentrale für politische Bildung
Baden-Württemberg
Verlagsort: Stuttgart
Umschlag: hace
Umschlagfoto: dpa
Gesamtherstellung:
W. Kohlhammer Druckerei GmbH + Co. Stuttgart
Printed in Germany

Inhaltsverzeichnis

Vorwort

Das Wort „Heimat" hat einen neuen Glanz bekommen. Die Sehnsucht nach einem Ort, in dessen Überschaubarkeit und Unverwechselbarkeit man sich wiederfinden kann, nach Geborgenheit, menschlicher Nähe und Vertrautheit, stellt wohl eine Antwort dar auf die massiven Gefährdungen unserer Existenz, die Bedrohungen unserer Umwelt und die Infragestellung unserer Identität heute. Wenn unsere Städte und Dörfer durch den Bauboom vergangener Jahre in ihrer Einmaligkeit zerstört sind; wenn die Landschaft zersiedelt, durch immer neue Betonpisten, Asphaltbänder und üppige Forststraßen beeinträchtigt wird; wenn Bäche, Flüsse, Seen, selbst das Meer verschmutzt sind; wenn der Wald zu sterben droht – dann klammert sich der Mensch an das, was ihm noch verblieben ist, versucht, es mit aller Kraft zu verteidigen. Wenn großflächige technokratische Planungen und ständig zunehmende Zentralisierungen auf nahezu allen Gebieten lokale Eigenheiten und Eigenständigkeiten niederwalzen und großräumige Abhängigkeiten begründen, dann sieht mancher die Zeit gekommen, sich zu wehren. Da Heimat also nicht mehr als wohlabgeschirmtes Paradies ungestört neben der rauhen Alltagswirklichkeit bestehen kann, als Kompensationsraum für das „Leben nach Feierabend"; weil dieser Rückzugsraum heute selbst bis ins Mark gefährdet ist, hat Heimat heute eine ganz neue Qualität bekommen: ein aktives, manchmal gar ein militantes Verständnis von Heimat macht sich breit.

Verwundern darf es somit nicht, wenn der Begriff „Heimat" heute längst nicht mehr die alten politischen Konfliktlinien trennt: Konservative, wenn nicht gar „Reaktionäre" auf der einen Seite, Liberale und fortschrittlich Gesinnte auf der anderen. Die neuen Konfliktlinien laufen heute vielmehr zwischen denen, die die menschlichen Möglichkeiten für nahezu unbegrenzt, die Ressourcen dieser Erde für beinahe unerschöpflich und letztlich doch fast alles für machbar halten und denen, die das Optimum industriegesellschaftlicher Entwicklung für erreicht, wenn nicht gar längst überschritten ansehen und von der Weiterführung bisheriger Politik die Zerstörung unserer Existenzgrundlagen befürchten; in den Augen der letzten ist eine umfassende politische Wende unabweislich. „Alte" Linke wie „alte" Rechte treffen sich hier gegenüber den „progressiv-dynamischen" Machern. Diese Konstellation ist ungewohnt, auch für die Betroffenen selbst. Mancher fühlt sich somit verunsichert, wenn er sieht, wer alles das Wort „Heimat" heute im Munde führt.

Mit der Rehabilitierung des Wortes „Heimat" hat auch die „Heimatkunde" als didaktisches Prinzip eine Renaissance erfahren. Doch auch auf der „Heimatkunde" lastet eine Hypothek, die es nur allzu verständlich macht, wenn einer solchen Renaissance zunächst einmal Mißtrauen entgegen gebracht wird. Konnte doch der Historiker Karl-Ernst Jeismann aufzeigen, daß die Heimatkunde ihre Existenz einer reaktionären Volksschulpolitik nach der Revolution von 1848 verdankt, mit Stoßrichtung sowohl gegen die liberale Idee als auch gegen die Emanzipation der unteren Schichten des Volkes:

„Eine politische Ideologie des neuverstandenen, als christlich bezeichneten Ständestaates setzte den unteren Ständen enge Bildungsgrenzen und verwies die Volksschule auf den Lebenskreis von Gemeinde und engster Heimat, verbot geradezu einen über diesen Kreis hinausgehenden Unterricht auch im Lehrerseminar, spannte die Volksbildung zwischen zwei Pole: Heimat und Kirche." (K.-E. Jeismann, Landesgeschichte im Unterricht der Schulen, in: Mitteilungen des Deutschen Heimatbundes, Dezember 1969, S. 13–21, hier S. 15.)

Die neuere Ausprägung des heimatkundlichen Prinzips seit den zwanziger Jahren dieses Jahrhunderts knüpft sicherlich nicht hier unmittelbar an. Den Anstoß hierfür gab Eduard Spranger mit seiner einflußreichen – und bis in die heutigen Tage immer wieder aufgelegten – Schrift von 1923: „Der Bildungswert der Heimatkunde". Danach sollte das heimatkundliche Prinzip die Fächertrennung – wenigstens für den Volksschüler (nicht für den Gymnasiasten) – überwinden helfen; eine Fächertrennung, die Ausdruck von Vielfalt und Chaos moderner wissenschaftlicher Welterkenntnis ist. Das ordnende Dach eines allgemein anerkannten und verbindlichen Weltbildes über allen Wissenschaften – seit Jahrhunderten schon verloren, doch immer wieder zurückgesehnt – sollte wenigstens für den Volksschüler in Form des heimatkundlichen Prinzips als notdürftiger Wetterschutz wiedererrichtet werden. Auch diese Art Heimatkunde atmete somit den Geist der Beschränkung und einer gewissen rückwärts gewandten Weltferne, konnte nicht ganz erhaben sein über den Vorwurf der Ideologie. Das Dritte Reich tat hier ein übriges, wie mit dem Begriff „Heimat" überhaupt . . .

Die Skepsis gegenüber der Forderung, das heimatkundliche Prinzip erneut in den Unterricht einzuführen, ist also durchaus zu verstehen, zumal wenn sie von Politikern erhoben wird. Nicht ohne Berechtigung erinnert der schon zitierte Karl-Ernst Jeismann daran:

„Die Didaktik des Geschichtsunterrichts an öffentlichen, vom Staat beaufsichtigten Schulen als die Lehre vom Bildungs- und Informationswert und -ziel des Unterrichts, von der Auswahl und Zusammenstellung seines Stoffes ist in besonderer Weise dem Zugriff politischer Wunschvorstellungen und Einflüsse ausgesetzt, nicht nur heute, sondern von Beginn eines selbständigen Geschichtsunterrichts an, also seit dem Ende des 18. Jahrhunderts und seit der Entstehung eines öffentlichen Unterrichtswesens zur selben Zeit. Der Staat selbst, aber auch andere Gruppen der Gesellschaft versuchen seit der Französischen Revolution ständig, die Schule als politisches Instrument zu handhaben" (S. 14).

Von daher ist es verständlich, wenn Politiker und Vertreter gesellschaftlicher Gruppen, natürlich aber auch Wissenschaftler und Pädagogen gefragt werden, was denn nun konkret gemeint ist, wenn von „Heimat" und „Heimatkunde" die Rede ist.

Wir jedenfalls streben eine Heimatkunde an, die darauf aus ist, daß der Mensch sich in seinen sozialen und räumlichen Bezügen, in seinem historischen Herkommen, aber auch in seinen historischen Verstrickungen sehen und verstehen lernt. Eine Heimatkunde, die dem Menschen hilft, sich aus diesen Bezügen heraus selbst zu erkennen. Die ihm zeigt, daß das, was man etwa seinen Heimatcharakter und seine Stammeseigenschaften nennt, zu einem Gutteil wenigstens aus bestimmten Konstellationen heraus entstanden, also historisch geworden ist – mithin aber auch nicht fraglos hingenommen werden muß, sondern kritische Distanz erlaubt, Bewertung zuläßt und auch prinzipiell änderbar ist. Eine Heimatkunde also, die nicht nur die besonders schönen Einzelstücke heraussucht, museal präpariert und der bewundernden Betrachtung ausstellt. Eine Heimatkunde vielmehr, die keinen Bogen macht um Widerwärtiges und Abgründiges, sondern sich stellt. Eine Heimatkunde, die zu historischem Verstehen und wertender Auseinandersetzung gleichermaßen befähigt. Eine Heimatkunde, die die Augen öffnen will: eine „aufgeklärte Heimatkunde" also.

Stuttgart, den 30. November 1983   Hans-Georg Wehling

Hermann Bausinger

Auf dem Wege zu einem neuen, aktiven Heimatverständnis

Begriffgeschichte als Problemgeschichte

Schwierigkeiten mit dem Wort „Heimat"

Von *Augustinus* sind Betrachtungen über das Problem der *Zeit*
überliefert, die einsetzen mit Hinweisen auf die Schwierigkeit des
Problems. „Was ist also die Zeit?", fragt *Augustinus.* Seine vorläufi-
ge, bescheidene Antwort: „Solange mich niemand danach fragt, ist
es mir, als wüßte ich es; fragt man mich aber und soll ich es erklären,
dann weiß ich es nicht mehr."
Eine erste Antwort auf die Frage nach *Heimat* könnte genau so
lauten. Es gibt Wörter, bei denen die jahrhundertelange Benützung
nicht dazu geführt hat, daß die alten Bedeutungen abgeschliffen
wurden und die jetzige Substanz glatt und klar zutage tritt, die
vielmehr die Nuancen früheren Gebrauchs als kaum sichtbare Abla-
gerungen mit sich tragen und deshalb von jeder Seite wieder etwas
anders aussehen. In unserem Alltag, in der Umgangssprache, haben
wir es ständig mit solchen Begriffen zu tun. Die Sprachsoziologen
haben inzwischen eingesehen, daß in vielen Fällen nicht die *Präzi-
sion* der Begriffe, sondern gerade die *Unschärfe und Mehrdeutigkeit*
des Gesagten die Kommunikation aufrechterhält und entlastet[1]). Für
den *wissenschaftlichen* Umgang mit Begriffen ist dies aber kein
Vorbild. Hier sind andere Strategien der Auseinandersetzung mit
Unschärfe und Undeutlichkeit gefordert.
Eine Möglichkeit scheint darin zu bestehen, unscharfe Begriffe *zu
meiden.* Am Beispiel Heimat läßt sich dies leicht zeigen: jahrzehnte-
lang tauchte der Begriff praktisch in kaum einer soziologischen
Abhandlung auf, und selbst die Volkskundler übten sich eine Zeitlang
in angestrengter Abstinenz. Aber die mit dem Begriff verbundenen
Probleme waren damit nicht gelöst, und im nicht-wissenschaftlichen
Sprachgebrauch blieb die Vokabel Heimat erhalten. Eine *zweite*
Möglichkeit ist der Versuch einer *strikten Definition,* die Bedeutungs-
wucherungen abschneidet und den Begriff auf eine ganz bestimmte
Qualität eingrenzt. Dies ist sicherlich ein legitimes Verfahren, und es
ist unerläßlich, wo beispielsweise vergleichende Analysen über die

heimatlichen Beziehungen oder die ‚Beheimatung' verschiedener Menschen gemacht werden[2]). Wiederum aber besteht die Gefahr, daß damit die zum Teil weit *auseinanderlaufenden Implikationen* des Begriffes Heimat ausgeblendet, daß wesentliche Problembezüge verfehlt werden. Für die gegenwärtige Heimat-Diskussion erscheint es gerade charakteristisch, daß von verschiedenen Seiten sehr verschiedenartige Gehalte des Wortes ins Spiel gebracht werden: Heimat kann (um nur weniges anzudeuten) ganz überwiegend als eine Form der *inneren Einstellung* verstanden und weithin an Erinnerungen festgemacht werden, kann aber auch, als ein *Ausdruck von Lebensqualität,* an äußere Bedingungen gebunden werden; Heimat kann begründet werden in der *Tradition* und den Traditionen, kann aber auch als Ergebnis *gegenwärtiger Aneignungen* und Auseinandersetzungen verstanden werden. Es sollte möglich sein, solche Gehalte nicht per definitionem auszublenden, sondern genauer zu identifizieren und zu verorten.

Deshalb wird ein *dritter* Weg beschritten. Ich versuche die verschiedenen Facetten des komplexen Gebildes Heimat herauszuarbeiten und nachzuzeichnen, und zwar nicht nur im Blick auf die gegenwärtige Bedeutungsbreite des Begriffs, sondern auch im Rückblick auf die historische Entwicklung. *Begriffsgeschichte* wird hier ausgebreitet als *Problemgeschichte.*

Heimatbesitz, Heimatrecht – handfeste ökonomische und rechtliche Bedeutungen von Heimat

---

Sichtet man die Belege, die im *Grimmschen Wörterbuch* für das Wort Heimat zusammengetragen wurden[3]), so wird schnell offenkundig, daß der Gebrauch schon *sehr früh verschieden,* die Bedeutung nicht einheitlich war. Heimat ist immer *Gegenbegriff zu Fremde;* aber die *räumliche Erstreckung* von Heimat reicht vom ganzen Land über den Landstrich und den Ort bis hin zum Haus, zur Wohnung. Häufig ist der Bezug zur *himmlischen Heimat.* „Mein Heimat ist dort droben", heißt es in einem Lied von *Paul Gerhardt* aus dem Jahr 1666 – gerade über die religiöse Metapher ist dem Begriff Heimat schon früh etwas von Überhöhung zugewachsen.

Aber zentral scheint doch jahrhundertelang eine sehr enge und konkrete Vorstellung von Heimat gewesen zu sein, der an den unmittelbar vorhandenen *Besitz von Haus und Hof* gebundene Begriff Heimat. Im Schweizerdeutschen war die Gleichsetzung von Hofanlage und Heimat lange üblich; bei *Gotthelf* heißt es einmal: „Das neue Heimat kostet ihn wohl 10000 Gulden"[4]). Auch in deutschen Redensarten blieb diese konkreteste Fassung des Heimatbegriffs erhalten: „Der Älteste kriegt die Heimat", sagte man im Schwäbischen, und den Hochzeitstag dieses Ältesten, mit dem er meist den Hof übernahm, charakterisierte man durch den Ausspruch, daß an diesem Tag die Geschwister „ihrer Heimat zur Leiche gingen"[5]).

Auf die himmlische Heimat konnte sich jedes berufen, und auch die Zugehörigkeit zu einem weiteren Landstrich wurde kaum in Frage gestellt. Aber die ganz konkrete Heimat gehörte nicht jedem: ein Teil der Bauernkinder verlor die „Heimat" mit dem Augenblick der Hofübernahme und war fortan auf anderen Verdienst angewiesen, und das *Gesinde, die Taglöhner, die Besitzlosen* waren von vornherein auch *heimatlos.* Es hat seinen guten, sehr handfesten Sinn, hier von mehr oder weniger Heimat zu sprechen, zumal „dem unterschiedlichen Besitzanteil" auch „ein abgestufter materieller Gehalt an Rechts- und Versorgungsansprüchen" entsprach[6]).

Dies wird deutlich an den Differenzierungen des *Heimatrechts.* Wenn heute von Heimatrecht die Rede ist, dann bezieht sich dies im allgemeinen auf die „Allgemeine Erklärung der Menschenrechte", die 1948 von den *Vereinten Nationen* verabschiedet wurde und die das Recht jedes Menschen zum Verlassen seines Staates und zur Rückkehr in ihn schützen soll. Das historische Heimatrecht war demgegenüber zunächst auf die einzelne Gemeinde bezogen; es gewährte „die Befugniß, in der Gemeinde sich häuslich niederzulassen und unter den gesetzlichen Bestimmungen sein Gewerbe zu treiben, so wie im Falle der Dürftigkeit den Anspruch auf Unterstützung aus den örtlichen Kassen"[7]). Das Heimatrecht begründete also einen *Versorgungsanspruch,* und im Prinzip sollte damit die ursprünglich in kirchlichen Institutionen verankerte Notversorgung der Armen im staatlichen Rahmen abgesichert werden. Praktisch aber wirkte das Heimatrecht nicht nur als Sicherung, sondern auch als häufig gehandhabtes *Ausschlußprinzip.* Wer die mit solchen gemeindlichen Rechten verbundenen Verpflichtungen nicht erfüllen konnte oder wen die Zeitläufte in die Fremde verschlugen, der büßte damit auch leicht seine Ansprüche ein – er lief Gefahr, das Heimatrecht zu verlieren. Insofern war also mit dem Heimatrecht die gleiche einschränkende, ja ausschließende Wirkung verbunden wie mit dem Sachbegriff Heimat: es gab Menschen, die Heimat und ein Heimatrecht besaßen, und es gab andere, die darauf verzichten mußten.

Das Heimatrecht entsprach den Prinzipien einer *stationären Gesellschaft,* an deren Rändern allerdings die Zahl der Heimatlosen, der Vagabunden und Bettelleute, ständig wuchs. Es wurde aber vollends problematisch, als die wirtschaftliche Entwicklung eine immer größere *Mobilität* erforderte. Das Heimatrecht, das von den aus dem Arbeitsprozeß Ausgeschiedenen die Rückkehr in die Heimatgemeinde, also den Geburtsort, forderte, war in den Umbrüchen der Industrialisierung nicht mehr brauchbar; Freizügigkeit wurde nun gesetzlich verankert. In der zweiten Hälfte des 19. Jahrhunderts setzte sich in den deutschen Ländern das Prinzip des *Unterstützungswohnsitzes* – Ablösung und neue Form des Heimatrechts – durch. Danach fiel die Unterstützung eines Unbemittelten in die Verantwortung der

Wohngemeinde, wenn sich der oder die Betreffende mehr als zwei Jahre dort aufgehalten hatte.

Es ist unmöglich, hier allen Verästelungen der rechtlichen Entwicklung zu folgen. Aber schon diese knappe Skizze erlaubt ein *Resümee,* das auch für die Gegenwart nicht ohne Bedeutung ist: Heimat, häufig behandelt als emotionaler Besitz, der jedem Menschen in die Wiege gelegt ist, war sehr stark von *sozialen und sozialpolitischen Rahmenbedingungen* abhängig. Dies gilt heute noch und wieder. Oft gibt es sehr handfeste soziale, ökonomische und rechtliche Voraussetzungen, die darüber entscheiden, ob jemand Heimat haben darf oder nicht[8]) – Voraussetzungen, von denen die zahlreichen Fest- und Sonntagsreden über Heimatsinn und Heimatverbundenheit nichts ahnen lassen.

Die bürgerliche Heimat als ausgeglichene, schöne Spazierwelt

Wie aber kam es zu diesen luftigen, über die banalen Alltagsbeschränkungen wegschwebenden Heimat-Reden, in denen gleichwohl so viel von Verwurzelung gesprochen wird? Auch zur Beantwortung dieser Frage lohnt sich ein historischer Ausgriff. Es hat nämlich den Anschein, daß sich dieses freundliche Heimatbild ebenfalls im letzten Jahrhundert herausbildete. Es ist das *bürgerliche* Heimatbild.

Man kann – gerade auch in solchen Festreden – immer wieder einmal hören, daß es Heimat ‚so‘ nur in Deutschland gebe, daß anderen Sprachen ein angemessener Begriff dafür fehle. Zum Teil spricht aus dieser Feststellung nichts als Borniertheit, die ein allgemeines Übersetzungsproblem vorschnell aufs Konto des Nationalcharakters setzt. Richtig daran ist, daß der Heimatbegriff bei uns eine besondere – eine besonders „innige" und in dieser *Innigkeit* problematische – Färbung angenommen hat, und dies scheint ein Ergebnis der bürgerlichen *Sonderentwicklung im Deutschland des 19. Jahrhunderts* zu sein. Die relativ fortgeschrittene industrielle Entwicklung stand in Deutschland im Gegensatz zur Erhaltung der traditionellen politischen und sozialen Strukturen; weite Kreise des Bürgertums waren ohne Einfluß, waren subalterne Diener diverser Obrigkeitsstaaten. Das bürgerliche Heimatbild war die *Utopie,* die sich in solcher Beschränkung anbot.

Gerade weil die Welt sichtbar in Bewegung geraten war, wurde Heimat in einem Bereich abseits von dieser Bewegung angesiedelt. Heimat – das war vor allem *Natur,* schöne, unberührte, höchstens durch die sorgsame Pflege des Landmanns veredelte Natur, fern jedenfalls von all dem, was in den Sturmzeiten der Industrialisierung der Natur angetan ward.

Um die Jahrhundertmitte schrieb *Wilhelm Ganzhorn* jenes Lied, das auch heute noch gelegentlich bei Heimatfesten ertönt: „Im schönsten

Wiesengrunde . . .". In den ersten Verszeilen („Im schönsten Wiesengrunde ist meiner Heimat Haus") schwingt noch die alte Vorstellung mit: Heimat als Besitz, als väterliches Haus. Aber dann weitet sich die Heimatvorstellung aus auf die ganze Landschaft, das stille Tal, das Bächlein, die Blumen und Vögel – klischierte romantische Naturbilder, überhöht von religiösen Gefühlen; die Schlußstrophe beschreibt den „letzten Gang" auf den heimatlichen Friedhof. Gerade diese Allgemeinheit der Bilder, die Neutralisierung von Heimat zu einer abgezogenen Vorstellung, die alle widerspenstigen und individuellen Realitätsmomente abgestreift hat – gerade sie gab diesem Heimatbegriff jene Flexibilität und Schmiegsamkeit, mit denen er bis in die Gegenwart überdauern konnte.

Der Verfasser des Liedes, *Wilhelm Ganzhorn,* war in Böblingen geboren und in Sindelfingen aufgewachsen, in Tübingen und Heidelberg studierte er, in Esslingen, Stuttgart, Backnang, Neuenbürg, Aalen, Neckarsulm und Cannstatt war er während seiner Beamtenlaufbahn angestellt. Sein Heimatlied paßte für jeden dieser Plätze – und in all den genannten Orten fanden sich im Lauf der letzten hundert Jahre Heimatforscher, die das Lied denn auch just an ihrem Ort zu lokalisieren suchten. Und nicht einmal nur in diesem relativ einheitlichen landschaftlichen Bereich sind solche Lieder zuhause – sie sind auswechselbar, können zumindest in allen Mittelgebirgslandschaften als Heimatlieder beansprucht werden.

Heimat ist hier *Kompensationsraum,* in dem die Versagungen und Unsicherheiten des eigenen Lebens ausgeglichen werden, in dem aber auch die Annehmlichkeiten des eigenen Lebens überhöht erscheinen: Heimat als ausgeglichene, schöne Spazierwelt. In den Bildern und Sprachbildern mendeln sich damals die festen Formeln des Pittoresken heraus, die bis heute für diese Vorstellung von Heimat maßgebend sind – Heimat als *Besänftigungslandschaft,* in der scheinbar die Spannungen der Wirklichkeit ausgeglichen sind.

Vaterland und Vaterlandslosigkeit

Ganzhorns Lied ist ganz und gar unpolitisch. Auf den ersten Blick mag es verkrampft erscheinen, es gleichwohl in ein politisches Koordinatennetz zu bringen; nimmt man es aber als repräsentativ für die Modellierung des Heimatbegriffs im 19. Jahrhundert, dann ist die Feststellung angebracht, daß seine *politische Funktion* eben *in seiner unpolitischen Ausrichtung* bestand. Heimat – das war eine Kategorie der Befriedung, der vorweg genommenen Versöhnung auftretender sozialer Gegensätze. Während sich in den wichtigsten Realitätsfeldern die dramatischsten Veränderungen ankündigten, verwies das Bild des Heimatlichen die Menschen auf das Dauernde der Natur, auf das unveränderte Gleichmaß des menschlichen Lebens.

Immer deutlicher aber bildete sich daneben auch ein *politisches Beschwichtigungsangebot* heraus, das mit dem Heimatbegriff verbunden wurde: die *nationale Beschwörung des gemeinsamen Vaterlandes,* die weitgehende *Gleichsetzung von Heimat und Vaterland.* Haus und Hof waren für die Mehrheit der Bevölkerung keine Haltepunkte mehr, und für viele war auch die Bindung an einen einzelnen Ort verlorengegangen. Heimat sollten trotzdem alle haben – Heimat im Sinne von Vaterland.

Man darf die Massivität und die Wucht dieser nationalen Vorstellungen nicht unterschätzen. In manchen Bücherschränken haben sich jene Germania-Hausbücher mit Golddrucktitel und martialischen Bildern erhalten, in denen die neue, aggressive Qualität des Nationalismus in die Familien hineingetragen wurde; und auch die großen nationalen Denkmäler, die nun als neue Kristallisationspunkte eines die partikularen Heimatgefühle überhöhenden und auffangenden Nationalgefühls entstanden, reden eine deutliche Sprache.

Die weitgehende Annäherung der Begriffe Heimat und Vaterland, die Verbindung also des eher politischen Begriffs mit der Vorstellung natürlicher, gewachsener Bindung, zeigt die Stoßrichtung. Die größer werdenden Klassengegensätze, die innere Spaltung der Nation, sollte überbrückt werden – Vaterland ist nicht zuletzt „Identifikationsangebot an die ‚heimatlose' Arbeiterbewegung"[9]). Die *Arbeiterschaft* aber und zumal die organisierte *Arbeiterbewegung* nahmen dieses Angebot nicht an.

Der preußische Politiker *Johann Jacoby,* der 1870 bei Ausbruch des Krieges als Stimmführer der internationalen Demokraten verhaftet wurde, publizierte im gleichen Jahr seine Schrift „Das Ziel der Arbeiterbewegung"[10]). Darin ging er auf das Problem von Heimat und Vaterland ein: „Das Wort ‚Vaterland', das Ihr im Munde führet, hat keinen Zauber für uns; Vaterland in Eurem Sinne ist uns ein überwundener Standpunkt, ein reaktionärer, kulturfeindlicher Begriff; die Menschheit läßt sich nicht in nationale Grenzen einsperren; unsere Heimat ist die Welt: ubi bene, ibi patria – wo es uns wohlgeht, das heißt, wo wir Menschen sein können, ist unser Vaterland; Euer Vaterland ist für uns nur eine Stätte des Elends, ein Gefängnis, ein Jagdgrund, auf dem wir das gehetzte Wild sind und mancher von uns nicht einmal einen Ort hat, wo er sein Haupt hinlegen kann. Ihr nennt uns, scheltend, ‚vaterlandslos', und Ihr selbst habt uns vaterlandslos gemacht"[11]).

„Ihr selbst habt uns vaterlandslos gemacht" – diese Feststellung läßt sich auf zwei Ebenen ansiedeln und interpretieren. Einmal war es die reale „Deplazierung" der Arbeitermassen, die Rekrutierung der industriellen Reservearmee aus allen Richtungen, ihre Verpflanzung an fremde Orte und die oft menschenunwürdige Unterbringung. Zum anderen aber war es die überhebliche Einschätzung und Bewertung dieser dem Zwang der Verhältnisse folgenden Proletarier. Als der deutsche Kaiser 1895 von den „vaterlandslosen Gesellen" sprach, rügte er damit die Weigerung eines Großteils der Arbeiterschaft, das

Vaterland zu ihrer Heimat zu machen. Aber schon eine Generation vorher hatte *Wilhelm Heinrich Riehl*, führender und einflußreicher Publizist des deutschen Bürgertums, das böse Wort von der Vaterlandslosigkeit auf die Proletarier gemünzt[12]).

Um so verständlicher, daß ein Teil dieser Proletarier Heimat gerade *nicht* auf der Linie der bürgerlichen Identifikationsangebote suchte. Der Buchdrucker und Arbeiterschriftsteller *Ernst Preczang* schrieb um 1888 in seinem „Rückblick" die folgenden Sätze: „Die rein politische oder wirtschaftliche Wertung der Arbeiterbewegung reicht nicht aus, um ihre Bedeutung zu erklären. Für Zehntausende ist sie auch eine neue seelische Heimat geworden, wurde sie rein menschlich zu lebendig-freudevollem Daseinsinhalt. Das wird oft übersehen"[13]). Die *Arbeiterbewegung als Heimat* – damit war eine äußerste Gegenposition zu den bis dahin gängigen Heimatbegriffen erreicht: Heimat nicht an einen Ort gebunden, sondern an eine Gruppe von Menschen; Heimat als Ausdruck nicht vorgegebener, sondern gewollter Solidarität; Heimat nicht als unveränderliche, natürliche Gegebenheit, sondern als Aufgabe.

Woher kam die „Heimatbewegung" im 19. Jahrhundert?

Diese Haltung der Arbeiter und die im Verbot der Sozialdemokratie zum Ausdruck kommende Verschärfung des Gegensatzes zwischen den Führungsschichten und der Arbeiterschaft muß auch in Rechnung gestellt werden, wenn von der „Heimatbewegung" im engeren Sinne die Rede ist, die sich in den achtziger Jahren des letzten Jahrhunderts etablierte und die Zeit um die Jahrhundertwende bestimmte. Es handelt sich einmal um eine Heimat*kunst*bewegung, die vor allem in der Literatur – in bewußtem Gegensatz zur sozialen Elendsdichtung der Naturalisten – heimatliche Werte zur Geltung zu bringen suchte, zum anderen um die Gründung von *Heimatvereinigungen* und *Heimatbünden* in allen Landschaften, um die Herausbildung einer *Heimatkunde* in der Schule, um die Errichtung heimatlicher *Museen*.

Die auffallende Konjunktur des Wortes Heimat in jener Zeit zeigt an, daß dem Begriff neue Akzente und Impulse zugewachsen sind. Heimat wird nunmehr weniger als in den Liedern und Träumen der Jahrhundertmitte als schöne Natur vorgestellt. Sie wird im wesentlichen *mit dem ländlichen Lebensraum identifiziert*. Die *Stadtfeindschaft*, eine Konstante bürgerlicher Haltung im 19. Jahrhundert[14]), schlägt voll durch; das eigentliche, vorbildliche soziale Leben wird in den Dorfgemeinschaften gesucht[15]). Dabei wird zwar teilweise ein harmonisierendes Bild in die Vergangenheit der Dörfer hineingetragen; aber die oft getroffene Feststellung, Dorfleben und Heimat würden hier idyllisiert, ist nur halb richtig. An den *Bauernromanen*

Ende des 19. und in den ersten Jahrzehnten des 20. Jahrhunderts läßt sich beispielsweise zeigen, daß dort ein außerordentlich *hartes und karges, aber auch quasi-heroisches,* soziale Gegensätze als unveränderlich hinnehmendes Dasein geschildert wurde[16]).

Die Heimatbewegung mit ihrem Bekenntnis zur überlieferten Ordnung des ländlichen Lebens und zur Tatkraft bodenverwurzelter *Herrenmenschen* vermittelte eine Ethik, die dem politischen Bedarf der Zeit angemessen war. Der militärisch-imperialistische Zug der neuen Kolonialmacht Deutschland fand in den Heimat-Tendenzen der Epoche nicht nur ein ausgleichendes Gegengewicht, sie lieferten vielmehr auch ein Menschenbild, das in hohem Maße funktional war.

Außerdem wurden die spezifischen Anstöße der Heimatbewegung verstärkt durch die *innenpolitische Krisensituation nach 1890*[17]). Gegen die neue Freihandelspolitik formierte sich der starke Flügel der *Agrarier* – worunter man sich freilich nicht kleine Bauern, sondern vor allem die aristokratischen Großgrundbesitzer vorzustellen hat. Aber ihre Interessen, die ökonomisch überholt waren, wurden durch eine allgemeine Aufwertung des Bäuerlichen gestützt. Die agrarischen Interessenverbände und die Heimatvereinigungen arbeiteten einander in die Hände.

Aber noch weitere Motive müssen für die Entstehung und Stärkung der Heimatbewegung herangezogen werden. Das neue Reich versuchte in seiner staatlichen Organisation *zentralistische* Tendenzen durchzusetzen. Der *kulturelle* Bereich dagegen bot die Möglichkeit zur Aufrechterhaltung *dezentraler, föderativer* Strukturen. Die Länder und Regionen nutzten diese *Kompensationsmöglichkeit:* die Heimatbewegung brachte die partikularen Ansprüche zur Geltung, sie pochte auf die landschaftlichen und örtlichen Überlieferungen. Außerdem weckten die Erfahrungen des realen industriellen Umbruchs, der sich in Deutschland ja vielfach erst in der *Gründerzeit* schneller und radikaler vollzog, konservative Tendenzen. Die „Durchindustrialisierung" ganzer Landstriche bedeutete die *Zerstörung* von Substanz, die jahrhundertelang gegolten hatte und bis dahin unzerstörbar schien. An der baulichen Entwicklung läßt sich dies am leichtesten ablesen; aber es betraf die gesamten Lebensformen. Die Heimatbewegung war eine Antwort auf diese schnellen und tiefgreifenden Veränderungen, war der Versuch, *Tradition* gegen *Wandel* zu stellen.

Die einseitige *Orientierung an der Vergangenheit* begrenzte von vornherein die Wirksamkeit der Heimatbewegung. Ihr „provinzieller Antiurbanismus"[18]), ihr Pochen auf *ständische Sozialformen* und *dörfliche Muster* nahm ihr jede Möglichkeit, sich konstruktiv mit der ganzen Gesellschaft auseinanderzusetzen. Und diese Feststellung läßt sich auch umkehren: Da die Heimatbewegung keine Chance mehr sah, sich konstruktiv mit der ganzen Gesellschaft und ihrer Entwicklung auseinanderzusetzen, zog sie sich mehr und mehr auf *Teilgebiete* zurück. Dies gilt nicht nur hinsichtlich der einseitigen

Ausrichtung aufs Ländliche; es gilt auch insofern, als „Heimat" mehr und mehr an bestimmten *Einzelelementen* der Kultur festgemacht wurde. Heimat – das waren Fachwerkhäuser, alte Bräuche, alte Trachten. Was in der gegenwärtigen Konstellation zur Kenntlichkeit entstellt ist, nahm damals seinen Ausgang: daß die „Erhaltung der Heimat" sich auf ganz wenige Bereiche, oft nur auf bestimmte auffallende äußere Zeichen und Embleme konzentriert, während gleichzeitig das übrige Leben einem rücksichtslosen Verwertungs- und oft Zerstörungsprozeß überantwortet wird.

Heimat von der Stange

Die Tendenz bildet sich schon damals, um die Jahrhundertwende heraus: Heimat wird zur *Kulisse, hinter der sich ganz anderes abspielt.* Diese Tendenz hat sich allerdings ungemein verstärkt, und was sich dem Heimatbegriff in unserem Jahrhundert eingeprägt hat, ist vor allem in dieser Richtung zu suchen. Heimat wurde vielfach auf einen – freilich nicht gerade kleinen – Satz von Fertigbauteilen reduziert, die immer wieder nur schöne Fassaden ergeben. Heimat wurde in und an Stereotypen festgemacht, die in einem vordergründi- gen Reiz-Reaktions-Verhältnis Behaglichkeit erzeugen. Heimat wur- de und wird von der Stange geliefert.

Da waren (und sind!) die *Heimatlieder* und *Heimatschlager,* die mit den immer gleichen Requisiten eine anheimelnde Atmosphäre von Gemütlichkeit und Sehnsucht erzeugen. Die hektische Betriebsam- keit, die sich um andere Musikerzeugnisse entfaltet, läßt leicht ver- gessen, daß wir es hier bis heute mit den eigentlichen *Steady-sellern* zu tun haben – mit den Auflagen *Heinos* und der *Egerländer Musi- kanten* hält kaum ein anderer Plattenproduzent mit. Da gibt es den *Heimatfilm,* der sich schon früh als eigenes Genre herausbildete und die Zuschauer in ihrer Erwartung festlegte auf monumentale (Ge- birgs-)Landschaften und dramatische Schicksale in ländlicher Welt[19]). Und da gibt es die Entsprechung der *Heimatromane,* die am Kiosk zu Hunderten verkauft werden.

Aber es ist nicht nur das abgehobene System der Massenmedien, in dem Heimat vermarktet wird. Auch die tatsächlichen Heimatobjekte und Heimatembleme wurden immer mehr und immer dichter in ein großes *kommerzielles Verteilungssystem* eingebaut. Die „echten" Trachten werden neu produziert und beschäftigen in manchen Re- gionen eine kleine Industrie – ganz abgesehen davon, daß sie in ihrem Showcharakter auch Bestandteil der Fremdenverkehrsindu- strie sind. Fachwerkhäuschen mit tatsächlicher oder vermeintlicher landschaftlicher Prägung werden vom Fließband geliefert. Und selbst „alte" Bräuche werden in Serie neu erzeugt – die schwäbisch- alemannische Fastnacht mit ihren Dutzenden von neu entstehenden Narrenzünften und Masken bietet ein Beispiel dafür.

Je direkter und ungestörter die vage Vorstellung Heimat durch solche Einzelelemente ausgelöst wird, um so leichter ist es möglich, daß über diese Elemente auch mit ganz anderer Zielrichtung verfügt wird. Die Verwendung von Heimatzeichen in der *Werbung* kennt fast kein Tabu, und immer wieder kommt es vor, daß kommerzielle Einrichtungen Heimat selbst zum Thema machen: Warenhäuser locken nicht nur über exotische Themen Kundschaft an; sie machen sich auch die „Binnenexotik" des Heimatlichen zunutze und veranstalten Werbewochen unter dem Motto „Unsere Heimat". Bankhäuser, die mit ihren bombastischen Betonblöcken (oder auch Fachwerkbauten!) in den Innenstädten ein handfestes Stück Heimatzerstörung bewirkt haben, suchen dies zu kompensieren mit der Durchführung von heimatlichen Dialektlesungen. Und eine der größten deutschen Zigarettenfirmen hat ihre „Promotion-Linie" auf die Punkte „Förderung des lebendigen Brauchtums" und „Pflege landschaftlicher und baulicher Schönheiten" festgelegt – also auch hier eine unheilige Allianz aus Kommerz und Heimatpflege.

Heimat ist zum Bestandteil der *Kulturindustrie* geworden. Heimat – das ist eine Programmsparte, und je dichter die technische Vernetzung, um so wirkungsvoller ist sie einzusetzen. Heimat ist ein Unterhaltungsangebot, das wie andere in die private Freizeit geliefert wird, ohne die Privatheit zu stören. Um ein völlig beliebiges Angebot aber handelt es sich nicht: Heimat kommt ja gerade deshalb so gut an, weil ältere und vollere Konnotationen mitschwingen, weil beispielsweise die Sehnsucht nach einer wenn nicht heilen, so doch heileren Welt in den Heimatprodukten eine Antwort zu finden scheint.

Heimat im Nationalsozialismus nicht widerspruchsfrei

Dies bedeutet aber auch, daß bestimmte ältere *Ideologiegehalte* des Wortes abrufbar bleiben können. Es ist kein Zufall, daß die erste Blüte der geschilderten Heimat-Industrie in den Anfangsjahren des *Dritten Reichs* lag. Das kam gut an: da wurden scheinbar harmlose, biedere Geschichten erzählt; die Aura des Bewährten und Guten lag über den Bildern; die Menschen erfreuten sich an der majestätischen Bergwelt und ihren gesunden Bewohnern; und die Mehrzahl der neugewonnenen Trachtenträger mag sich in erster Linie an dem farbigen Bild der Trachtentreffen berauscht haben. Aber gleichzeitig, unmerklich für die meisten, waren die Heimatszenen Ausdruck einer massiven Blut- und Bodengläubigkeit, und über die scheinbar gänzlich unpolitischen Gehalte wurden militante nationalistische Ideologien vermittelt.

Es muß allerdings angemerkt werden, daß der Umgang mit Heimat im Nationalsozialismus nicht widerspruchsfrei war und daß damals nicht alle Institutionen, die sich irgendeine Form von „Heimatpflege" zum Ziel gesetzt hatten, euphorisch umarmt und eingemeindet wurden. Der und die Führer des Nationalsozialismus maßen Institutionen und Menschen daran, was sie für die Verwirklichung der Expansionsziele zu leisten vermochten. In „Mein Kampf" wandte sich *Hitler* beispielsweise ausdrücklich gegen die „völkischen" Vorgeschichtsforscher: Es sei „das Charakteristische dieser Naturen, daß sie von altgermanischem Heldentum, von grauer Vorzeit, Steinäxten, Ger und Schild schwärmen, in Wirklichkeit aber die größten Feiglinge sind, die man sich vorstellen kann"[20]). Vor allem aber lag in dem Begriff Heimat und in allen Bemühungen um Heimat ein *zentrifugales Moment,* das der vereinheitlichenden Gleichschaltung und der zentralen Steuerung durchaus gefährlich werden konnte. Zwar bot sich noch immer die Gleichsetzung von Heimat und Vaterland an, und sie wurde reichlich praktiziert. Und es gab Konstruktionen, die hier vermitteln sollten, wie die „organische" Gliederung des Reichs in Stämme und Gaue oder die Zuweisung rassischer Nuancen an einzelne Landschaften, aus denen man dann die nordisch geprägte gesunde Gesamtmischung entstehen sah[21]). Aber diese Rechnungen gingen nicht wirklich auf, es blieben Bedenken[22]).

Die Planungseuphorie hatte keinen Platz für Heimat

Es ist nicht verwunderlich, daß Heimat unmittelbar *nach dem Zweiten Weltkrieg* (wie übrigens schon nach dem *Ersten*) wieder groß geschrieben wurde. Das mächtige Reich war zerschlagen; die Menschen waren eingebunden in kleinere Einheiten, herausmodelliert zunächst durch die Einteilung der Besatzungszonen und dann abgegrenzt in Ländern und Regierungsbezirken, die ihre Identität zu bestimmen und zu stärken suchten. Auch der Zustrom der „Heimatvertriebenen" war bedeutsam für die Besinnung auf Heimat – der Heimatverlust dieser Umsiedler und Flüchtlinge unterstrich den Wert von Heimat[23]).

Es ist aber auch nicht verwunderlich, daß die Diskussionen um Heimat zunächst bald wieder abklangen, daß Heimatbekenntnisse seltener wurden und etwas ins Abseits gerieten. Die *Skepsis* gegenüber dem Heimatbegriff wuchs. Daran waren nicht nur die Hypotheken schuld, mit denen er – allen gemachten Einschränkungen zum Trotz – eben doch im Dritten Reich befrachtet wurde. Die zeitweilige Verabschiedung des Heimatbegriffs gehört in eine Phase der Wachstums- und Planungseuphorie, die über die engeren Grenzen hinwegtrug und die eine von den traditionellen Zwängen und Bindungen befreite und weithin einheitliche Gesellschaft anvisierte.

Natürlich gab es auch weiterhin Bemühungen, die ausdrücklich auf Heimat zielten und deren Exponenten das Wort durchaus im Munde führten. Unser historischer Abriß bezieht seinen Sinn ja nicht zuletzt daraus, daß jene geschichtlichen Impulse noch keineswegs vollständig versickert sind, daß sie vielmehr – vereinzelt zumindest – bis in die Gegenwart *fortwirken.* So riß die Proklamation von Heimatgefühl, die Beschwörung des angeblich Unversehrten gerade im Angesicht der Zerstörung, nicht ab; der alte „Antiurbanismus" beanspruchte sein Recht; und vereinzelt – sehr vereinzelt freilich nur – wurden und werden auch die ideologisch-militanten Elemente der Heimatbegeisterung ausgespielt[24]).

Aktive Aneignung oder
warum die Heimatwelle heute eine neue Qualität hat

Im ganzen aber war eher charakteristisch, daß *Heimat-Parolen zurücktraten.* Bis zum Anfang oder bis zur Mitte der siebziger Jahre war von Heimat nicht mehr allzu viel die Rede. Dann kam eine *neue Heimatwelle* auf, die offensichtlich nicht schnell verebbt. Auf ihr schwimmt vieles an Bildern, Bestrebungen und Überzeugungen mit, das von früher stammt; aber die Strömung selbst scheint eine neue Qualität zu haben.

Was sind die Gründe für die erneute ‚Heimatkonjunktur'? Eine der wesentlichen Erklärungen, die für das Entstehen der Heimatbewegung im Gefolge der Gründerzeit gegeben wurden, greift auch hier: erneut ist es in den letzten Jahrzehnten dazu gekommen, daß ganze Regionen und Landschaften *industriell* „erschlossen" und damit *überrollt* wurden. Solange die Rechnung wirtschaftlich aufzugehen schien, blieb diese Entwicklung relativ unauffällig; seit die Verschandelung von Landschaften aber keine wirklichen Garantien mehr für Arbeitsplätze und steigenden Wohlstand bringt, sind die Bewohner solcher Landschaften wach geworden und pochen auf den guten Sinn der älteren Funktionen wie des landwirtschaftlichen Anbaus oder der Erholung.

Die Expansion und Modernisierung wird aber nicht nur durch die direkte Ausbreitung von Produktionsstätten getragen, vielmehr sind auch die Verteilungsagenturen, ist der *Handel* eingeschaltet. Am *Beispiel des Baumarktes* läßt sich dies zeigen: Kunststoffverkleidungen breiten sich epidemisch über alte Dörfer aus; Glasbausteine und Asbestplatten drängen als modische Möglichkeiten die traditionellen Formen zurück; Beton wird nicht nur als zeckmäßig, sondern auch als schön verkauft; Straßenerweiterungen werden zur Prestigefrage im kleinsten Weiler. Dies bedeutet praktisch, daß die so entstehenden Probleme immer mehr in die *Gemeinden,* in die *Wohnorte* selbst hineingetragen werden – und daraus entsteht ein besonderer Akzent des Heimatbegriffs. Überblickt man die hier knapp skizzierte Geschichte des Heimatbegriffs, so erscheint er über weite Strecken eher abgehoben von der Realität der Menschen. Heimat – das betraf Sonntagsgefühle, das wurde vermittelt in sonntäglichen Darbietungen, Heimat war ein ausgesprochenes Freizeit- und Kompensationsphänomen. In der jüngsten Zeit aber ist durch die massiven Eingriffe in die unmittelbare Umgebung jedes einzelnen deutlich geworden, wie viel Heimat mit dem *Alltag* zu tun hat.

Heimat ist das Produkt eines Gefühls der Übereinstimmung mit der kleinen eigenen Welt. Heimat ist nur dort vorhanden, wo solche Übereinstimmung möglich ist. Wo die Menschen ihrer Umgebung nicht mehr sicher sind, wo sie ständig *Irritationen* ausgesetzt sind, wird Heimat zerstört. Inzwischen haben die Irritationen ein Ausmaß und eine Frequenz erreicht, daß viele Menschen die Heimatzerstörung nicht mehr nur *resignativ* über sich ergehen lassen, daß sie sich vielmehr dagegen formieren und *aktiv* Heimat zu retten und neu zu schaffen suchen[25]).

Die Selbstherrlichkeit der Planer und die Eigendynamik der Planung werden mehr und mehr in Frage gestellt. Im Wörterbuch der Planer kam ein Wort wie Heimat lange Zeit nicht vor; objektive Vorgaben schienen sichere Kriterien für das Wünschenswerte zu geben, für schöneres Wohnen beispielsweise oder für eine effektivere Verwaltung. Inzwischen haben viele Menschen gemerkt, daß auch eine architektonisch durchdachte Sanierung Heimat zerstören kann, wenn sie nicht den bisherigen „Gebrauchswert" der Häuser in ihr Konzept einbezieht[26]), und die schnittige Gemeindereform wird heute wenigstens teilweise in Frage gestellt zugunsten der überkommenen Selbständigkeit und Eigenart von Ortschaften.

„Heimat besteht also für mich nicht aus einer alten Chronik oder aus einer Nepomukstatue, die an einer Brücke steht, die keinen Bach mehr überquert. Heimat besteht für mich aus der Möglichkeit, mich in einem mir bekannten Kreis zu verwirklichen"[27]). In diesen Worten eines österreichischen Pädagogen und Schriftstellers kommt das aktive Heimatverständnis zum Ausdruck. Vor zwei Jahrzehnten stellte *Heiner Treinen* in einer soziologischen Untersuchung[28]) einen ausgesprochenen Gegensatz fest zwischen Heimatgefühl und aktiver Verantwortung für den Ort. Die sich auf ihr *at home-feeling* zurückzogen, waren wenig aktiv in der Gestaltung und Umgestaltung ihres Gemeinwesens, für diejenigen, die hier mitarbeiteten, stand das Thema Heimat im offenkundigen Widerspruch zum Prinzip der offenen Gesellschaft. Es hat den Anschein, daß sich dies geändert hat. *Heimat und offene Gesellschaft schließen sich nicht mehr aus:* Heimat als *Aneignung* und *Umbau* gemeinsam mit anderen, Heimat als *selbst mitgeschaffene kleine Welt,* die Verhaltenssicherheit gibt, Heimat als *menschlich gestaltete Umwelt*[29]).

Heimat in Gemengelage

In diesem neuen Verständnis von Heimat werden viele der alten Konzepte in Frage gestellt: Heimat ist nicht mehr Gegenstand passiven Gefühls, sondern *Medium und Ziel praktischer Auseinandersetzung;* Heimat kann nicht ohne weiteres auf größere staatliche Gebilde bezogen werden, sondern betrifft die *unmittelbare Umgebung;* Heimat erscheint gelöst von nur-ländlichen Assoziationen und präsentiert sich als *urbane Möglichkeit;* Heimat ist nichts, das sich konsumieren läßt, sondern sie wird *aktiv angeeignet.* Heimat hat, wie in der ursprünglich-konkreten Bedeutung des Wortes, wieder sehr viel mit *Alltag* und alltäglichen Lebensmöglichkeiten zu tun.

Ich stehe nicht an, diese Ausprägung des Heimatbegriffs als *zeitgemäß* zu bezeichnen. Aber das schließt nicht aus (eingangs war bereits davon die Rede!), daß auch die älteren Bedeutungen und Bedeutungsanklänge weitergetragen werden. Wer sich mit derart komplexen, vielschichtigen Begriffen abgibt, muß mit „Ungleichzeitigkeiten" rechnen. Charakteristisch für die Verwendung des Heimatbegriffs ist gerade die Gemengelage, das (gar nicht immer bemerkte) Zusammentreffen ganz verschiedener Vorstellungen. Insofern läßt sich die Frage, ob die Auseinandersetzung mit Heimat denn überhaupt modernen Standards entspreche, keineswegs mit Ja oder Nein beantworten – eine Antwort müßte sich vielmehr ungefähr der spielerisch-schneckentänzerischen Sophistik bedienen, die *G. F. Jonke* in seinem „Geometrischen Heimatroman" vorträgt: „Man geht meistens viel eher mit der Zeit, indem man gegen die Zeit geht, in letzter Zeit ist es allerdings vielfach üblich geworden, gegen die Zeit zu gehen, so daß das Gegen-die Zeit-Gehen zum Schluß ein Mit-der-Zeit-Gehen wieder geworden ist, deshalb gehen manche wieder mit der Zeit in des Wortes ursprünglichster Bedeutung, um so wiederum auf ihre ganz eigene Art und Weise gegen die Zeit zu gehen, eigentlich und vor allem, um dadurch wiederum mit der Zeit gehen zu können!"[30])

Jedenfalls provoziert der Begriff Heimat nicht nur die Gefahr von Mißverständnissen, sondern gibt auch die Chance der Vermittlung zwischen sehr verschiedenartigen Positionen. *Konvergenzen* zeichnen sich ab; das neue, aktive Heimatverständnis scheint nicht leicht aufzuhalten oder auszuschalten. Ein Beispiel: Die „Arbeitsgemeinschaft für Umweltfragen e.V." trat an die schleswig-holsteinische Zeitschrift „Die Heimat" heran, weil man dort Interesse für die eigenen Ziele vermutete. Der Schriftführer des Heimatvereins wies das Ansinnen zurück: Der 1980 gegründete Verein habe „nur sehr indirekt mit all dem zu tun", es werde gebeten, „den Verein aus allen derartigen Planungen herauszulassen", denn er sei „ein loser Zusammenschluß der stillen Forscher im Lande"[31]). Dies war 1974. Die Vermutung ist begründet, daß um diese Zeit noch die meisten vergleichbaren Heimatverbände ganz ähnlich reagiert hätten. Inzwischen aber sind unter dem Dach vieler dieser Vereinigungen *Initiativen* entstanden, die sich sehr wohl auch mit *Umweltfragen* befassen: aktive Aneignung von Heimat.

Aktive Aneignung ist dabei *nicht nur auf die Gegenwart* bezogen. Verglichen mit dem beliebigeren Umweltbegriff bezieht der Heimatbegriff sein Gewicht gerade daraus, daß Heimat auch als etwas Gewordenes verstanden wird. *Heimatgeschichte* erlaubt und fordert

„Spurensicherung"[32]) im vertrauten Gelände – gemeinsame Bemühungen um eine Lokalgeschichte, die sich vor allem auf das Leben der unteren Schichten konzentriert. Und auch die schulische *Heimatkunde* wird erkunden müssen, wie es denn in der ‚guten alten Zeit' wirklich aussah – ohne scheelen Blick, aber auch ohne falsche Romantisierung. Auf der anderen Seite wird aber auch sie sich mit den Möglichkeiten auseinandersetzen müssen, Heimat jetzt und in der Zukunft zu schaffen. Eine solche, im Prinzip *weltoffene Heimatkunde* wird die Streitfrage, ob man nicht doch besser bei der Sachkunde geblieben wäre, hinter sich lassen[33]).

Es gibt heute in unseren Städten und Dörfern ein, wie mir scheint, recht sicheres Kriterium dafür, ob Heimat noch immer als Arsenal schöner Überlieferung verstanden wird, aus dem man sich bedienen kann, oder als die Idee, menschenwürdige Verhältnisse zu schaffen. Dieses Kriterium ist der Umgang mit den *ausländischen Arbeitsimmigranten.* Ein Heimatbegriff, der ihnen keinen Platz einräumt, greift zu kurz, auch wenn er sich noch so sehr mit historischen Requisiten drapiert.

Im Bereich der Wohnplanung ließe sich dies schnell verdeutlichen: Immer wieder wird bei Sanierungen zwar Rücksicht genommen auf Teile der historischen Bausubstanz, aber nicht auf die gewachsenen Strukturen des Zusammenlebens einer Wohnbevölkerung, die inzwischen auch oft schon Jahrzehnte in solchen alten Vierteln „daheim" ist. Ich wähle aber ein anderes, in all seiner Harmlosigkeit wahrscheinlich provokanteres Beispiel. Ein wichtiger Ausdruck der Besinnung auf Heimat und heimatliche Werte im letzten Jahrzehnt war die *Renaissance des Dialekts* – in der Poesie, aber auch in der öffentlichen Diskussion und im bürokratischen Umgang. Grundschullehrern wurde der Dialekt als Startbasis für alle sprachlichen Bemühungen ans Herz gelegt; Pfarrer, die sich besonders heimatverbunden vorkamen, flochten Dialektpassagen in ihre Predigt ein; Wahlkandidaten garnierten ihre Kampagnen mit Dialektwendungen; Amtspersonen verkündeten durch Anschläge, man dürfe seine Sache ruhig im Dialekt vorbringen. Blickt man auf die ethnische Mischung in unseren Schulen und in manchen Stadtteilen, dann liegt die Forderung nahe, von all diesen Bequemlichkeiten und Anbiederungen abzusehen und den Versuch in den Vordergrund zu stellen, eine möglichst unbeschwerte Kommunikation zwischen *allen* zu ermöglichen.

Dies ist kein Plädoyer für die Abschaffung des Dialekts, keine Aufforderung, Traditionen unbesehen über Bord zu werfen, sondern eine – zugegeben: zugespitzte – Überlegung zur Öffnung des Heimatbegriffs. Vor hundertfünfzig Jahren veröffentlichte der niederdeutsche Schriftsteller *Ludolf Wienbarg* eine Streitschrift über das *Plattdeutsche*[34]) – er trat tatsächlich nicht nur für dessen Eindämmung, sondern für die Abschaffung ein, weil ihm weniger an dem heimatlichen Idiom als an den Verbindungsmöglichkeiten über die Sprachgrenzen hinweg gelegen war. Damit schoß er gewiß über das Ziel hinaus. Aber ein Teil seiner Argumentation ist durchaus nicht überholt. Um die *Gemütlichkeit*, so schrieb er, sei „es ein schönes Ding". Aber er fuhr fort: „Doch ein schöneres Ding ist der mutige Entschluß, die Gemütlichkeit einstweilen auszuziehen, wenn sie uns zu enge wird"[35]). Wenn sichergestellt werden soll, daß es nicht zu ungemütlich wird – dann muß auch der Heimatbegriff von einiger Gemütlichkeit befreit werden[36]).

Anmerkungen

---

[1]) Vgl. Hermann Bausinger: ‚Mehrsprachigkeit' in Alltagssituationen. In: Wortschatz und Verständigungsprobleme (= Jahrbuch 1982 des Instituts für deutsche Sprache). Düsseldorf 1983, S. 17–33.
[2]) Am Rande sei darauf hingewiesen, daß solche Analysen die Gefahr mit sich bringen können, daß ein betont qualitativer Begriff wie Heimat quantifiziert wird. Ruprecht Skasa-Weiß hat in diesem Sinne die – allerdings auf einen höchst differenzierten Essay Jean Amérys zurückgehende – Frage: „Wieviel Heimat braucht der Mensch?" ironisiert. Vgl.: Wieviel Heimat darf's denn sein? In: Stuttgarter Zeitung Nr. 126/1983 (4. Juni), S. 50.
[3]) 4. Band, 2. Abteilung. Leipzig 1877, Sp. 864–866.
[4]) Erlebnisse eines Schuldenbauers. Berlin 1854, S. 19. Heimat wurde zunächst häufig als neutrale Form und erst später als Femininum gebraucht.
[5]) Hermann Fischer: Schwäbisches Wörterbuch, 3. Band. Tübingen 1911, Sp. 1364.
[6]) Wolfgang Kaschuba: Arbeiterbewegung – Heimat – Identität. In: Tübinger Korrespondenzblatt, hg. im Auftrag der Tübinger Vereinigung für Volkskunde e. V., Nr. 20/Juni 1979, S. 11–15; hier S. 12.
[7]) Gesetz über das Gemeinde-, Bürger- und Beisitzrecht 1828 und 1833. Vgl. A. L. Reyscher (Hg.): Sammlung der württembergischen Gesetze, 15. Band, 2. Abteilung. Tübingen 1847, S. 1064. Zur Problematik des Heimatrechts vgl. Heinrich Reicher: Heimatrecht und Landes-Armenpflege. Graz 1890, eine Studie aus Österreich, wo das Heimatrecht am längsten erhalten blieb.
[8]) Als Beispiel seien die Bestimmungen zum Aufenthalts- und Wohnrecht ausländischer Arbeitsimmigranten in der Bundesrepublik angeführt.
[9]) W. Kaschuba, a. a. O., S. 14.
[10]) Berlin 1870.
[11]) Zitiert bei W. Kaschuba, a. a. O., S. 14 f.
[12]) Die Bürgerliche Gesellschaft (1851). Stuttgart [6]1866, S. 288.
[13]) Vgl. Wolfgang Emmerich (Hg.): Proletarische Lebensläufe. Autobiographische Dokumente zur Entstehung der Zweiten Kultur in Deutschland. Band 1: Anfänge bis 1914. Reinbek 1974, S. 288 f.
[14]) Vgl. Hermann Bausinger: Dorf und Stadt – ein traditioneller Gegensatz. In: Hans-Georg Wehling (Hg.): Dorfpolitik. Opladen 1978, S. 18–30.
[15]) In dem damals entstandenen, über mindestens ein halbes Jahrhundert hinweg sehr einflußreichen Buch von Ferdinand Tönnies: Gemeinschaft und Gesellschaft (1887) ist der Vorbildcharakter der einfacheren ländlichen Welt offenkundig.
[16]) Vgl. Gerhard Schweizer: Bauernroman und Faschismus. Zur Ideologiekritik einer literarischen Gattung. Tübingen 1976.
[17]) Vgl. Klaus Bergmann: Agrarromantik und Großstadtfeindschaft, Meisenheim am Glan 1970; Dieter Kramer: Die politische und ökonomische Funktionalisierung von ‚Heimat' im deutschen Imperialismus und Faschismus. In: Diskurs 6–7/1973, S. 3–22.
[18]) Heinz Gollwitzer: Der kulturgeschichtliche Ort der Heimatbewegung gestern und heute. In: Mitteilungen Deutscher Heimatbund 10/Dezember 1975, S. 10–17; hier S. 16.

[19]) Um wenigstens auf eine Untersuchung solcher Heimat-Produkte hinzuweisen, sei die Studie von Willi Höfig genannt: Der deutsche Heimatfilm 1947–1960. Stuttgart 1973.

[20]) Mein Kampf (1925). München 1933, S. 396.

[21]) Vgl. Hermann Bausinger: Volksideologie und Volksforschung. Zur nationalsozialistischen Volkskunde. In: Zeitschrift für Volkskunde 61/1965, S. 177–204; ders: Zwischen Grün und Braun. Volkstumsideologie und Heimatpflege nach dem Ersten Weltkrieg. In: Hubert Cancik (Hg.): Religions- und Geistesgeschichte der Weimarer Republik. Düsseldorf 1982, S. 215–229.

[22]) Entgegen einer verbreiteten Annahme erfuhr beispielsweise die Volkskunde keine sehr nachhaltige Förderung durch die Nationalsozialisten; es wurden kaum neue Stellen eingerichtet, zumal sie ständig in die Kämpfe der ideologischen Fraktionen gerieten, die es innerhalb der Führungsorgane gab. Vgl. Wolfgang Brückner (Hg.): Volkskunde als akademische Disziplin. Studie zur Institutionenausbildung. Wien 1983.

[23]) Vgl. das Kapitel „Heimat" bei Hermann Bausinger, Markus Braun, Herbert Schwedt: Neue Siedlungen. Volkskundlich-soziologische Untersuchungen des Ludwig Uhland-Instituts Tübingen. Stuttgart ²1963, S. 174–205.

[24]) So schrieb der – für seine Verdienste mit einem staatlichen Orden ausgezeichnete – Vorsitzende eines großen baden-württembergischen „Trachtengaus" im Februar 1979 in der Zeitschrift seines Heimatvereins, er „denke nicht daran, Ernst Bloch nachzueifern und in die Fußstapfen eines Ahasvers zu treten. Für Bloch mögen solche Maximen nicht nur ethischer als vielmehr auch ethnischer Überzeugungen entspringen". Blochs wegweisende Maxime vom „Umbau der Welt zur Heimat" wird hier mit widerlichen Antisemitismen attackiert.

[25]) „Was wir gerade eben noch Heimat nennen können, ist nämlich nicht allein in seinem Namen, es ist bereits in der Substanz bedroht – ganz egal, ob uns der Mutterboden unter dem Hintern wegspekuliert wird oder die liebe Atemluft vor der Nase enteignet, und ohne daß man uns außer Landes jagte, sind wir doch alle in gewisser Weise Heimatvertriebene auf Abruf. Ein kleines Weilchen noch an industriellem Vormarsch, und die Heimat hat sich wie von selbst verflüchtigt." Peter Rühmkorf in der FAZ vom 29. November 1980.

[26]) Vgl. Henri Lefèbvre: Die Revolution der Städte. München 1972.

[27]) Helmut Stefan Milletich: Heimat – gibt es das? In: Hat Heimat Zukunft. Ein Beitrag zur Burgenländischen Kulturoffensive. Hg. von der Kulturabteilung der Burgenländischen Landesregierung: Eisenstadt 1981, S. 179–184; hier S. 182.

[28]) Symbolische Ortsbezogenheit. Eine soziologische Untersuchung zum Heimatproblem. In: Kölner Zeitschrift für Soziologie und Sozialpsychologie 17/1965, S. 73–95 und 254–297.

[29]) Vgl. Ina-Maria Greverus: Auf der Suche nach Heimat. München 1979; Dieter Kramer: Die Provokation Heimat. In: Zeitschrift für Sozialistische Politik und Wirtschaft 13/1981, S. 32–40.

[30]) Frankfurt a.M. 1969, S. 85.

[31]) Vgl. Jörn Christiansen: „Die Heimat" – Zur Analyse einer Zeitschrift. In: Heimat: Referate und Ergebnisse einer Tagung in der Evangelischen Akademie Nordelbien, hrsg. von Joachim Kruse und Klaus Juhl. Schleswig 1978, S. 91–122; hier S. 101.

[32]) Vgl. z.B. Olaf Ausburg u.a.: Spurensicherung: Mühlen in Nordhessen. Jugendhof Dörnberg 1981.

[33]) Daß der Hohenstaufen ein wichtigerer Gegenstand des Schulunterrichts ist als der Chimborasso, ist vermutlich keine sehr aufregende Streitfrage – zumindest dann nicht, wenn der Unterrichtsgegenstand auch die Geschichte der Bauern und Leibeigenen am Fuße des Berges und die Entwicklung des Proletariats drunten im Filstal einbegreift.

[34]) Soll die plattdeutsche Sprache gepflegt oder ausgerottet werden? Gegen Ersteres und für Letzteres beantwortet von Ludolf Wienbarg. Hamburg 1834.

[35]) Ebd. S. 10.

[36]) Zur Facettierung des gegenwärtigen Heimatbegriffs vgl. auch: Heimat heute. Zeitungskolleg des Deutschen Instituts für Fernstudien an der Universität Tübingen. Tübingen 1980.

Otto Friedrich Bollnow

Der Mensch braucht
heimatliche Geborgenheit

Philosophische Betrachtungen

Heimat und Fremde

Unter Heimat versteht man im heutigen Sprachgebrauch den Le-
bensbereich, in dem der Mensch geboren und aufgewachsen ist und
in dem er in der Regel auch weiterhin zu Hause ist. Im *Unterschied
zum Heim* im engeren Sinn, dem Haus und der Wohnung, die durch
Wände und Türen scharf gegen die Umwelt abgegrenzt sind, hat die
Heimat keine solche klar erkennbare Grenze. Man empfindet überhaupt keine solche Begrenzung, solange man sich im vertrauten
Umkreis der Heimat bewegt. Erst wenn man deren *vertrauten Umkreis* verläßt, wenn die *Landschaft* unbekannt wird und man erst nach
dem Weg fragen muß, wenn die Menschen eine andere *Sprache*
sprechen, mögen es auch nur kleine Abweichungen vom heimatlichen Dialekt oder Tonfall sein, vor allem aber, wenn die Menschen
einen als einen Fremden betrachten, mit Neugier und Abwehr oder
auch mit hilfsbereiter Zuwendung, dann merkt man erst, daß man in
der Fremde ist. Man wird *unsicher*. Darum freut man sich auch, wenn
man in der Fremde einem Landsmann begegnet; man fühlt sich
gleich mit ihm verbunden, aber auch in irgendeiner Weise mitverant-
wortlich und fühlt sich peinlich betroffen, wenn dieser irgendwie
durch sein Benehmen auffällt.
Heimat und Fremde sind so aufeinander bezogene Gegensätze.
Zwischen ihnen spielt sich das Menschenleben ab.
Im Umkreis der Heimat fühlt sich der Mensch *geborgen*. Er weiß sich
unbefangen und mit Sicherheit zu bewegen. *Nietzsche* sagt einmal in
der zweiten „Unzeitgemäßen Betrachtung" *Vom Nutzen und Nachteil
der Historie für das Leben*: „Dies ist ein allgemeines Gesetz; jedes
Lebendige kann nur innerhalb eines Horizontes gesund, stark und
fruchtbar werden . . . Die Heiterkeit, das gute Gewissen, die frohe
Tat, das Vertrauen auf das Kommende – alles das hängt . . . davon
ab, daß es eine Linie gibt, die das Übersehbare, Helle von dem
Unaufhellbaren und Dunkeln scheidet."
Dieser vom Horizont umschlossene Bereich, das ist für den Menschen die Heimat, nur daß dieser Horizont nicht in einer scharfen

Linie, sondern, wie schon betont, in einem allmählichen Übergang vom Vertrauten ins Fremde besteht.

Die vertrauten menschlichen Beziehungen

Aber man darf die Heimat nicht zu früh mit einem *räumlichen* Bereich gleichsetzen. Die vertrauten menschlichen Beziehungen gehören ebenso dazu, die Familie und die Verwandten und die alten Freunde, die vertrauten Gewohnheiten, Gebräuche und Sitten, die Art, die Feste zu feiern, und allgemein die festen Ordnungen, in denen das Leben abläuft.

Darüber hinaus hat die Heimat auch eine *zeitliche Erstreckung*. Die selbstverständlich übernommene Tradition klang schon in den zuletzt genannten Beispielen an. Auch die *Tradition* gehört zu der im vollen Sinn genommenen Heimat. Sie gibt Sicherheit im Verhalten, indem sie bestimmte überlieferte Verhaltensmuster bereitstellt. Das zeigt sich schon im Zusammenleben der Familie, in der alles Verhalten in bestimmten Ordnungen geregelt ist. Das zeigt sich nicht weniger im beruflichen Verhalten. Darüber hinaus wirkt sich auch die Stadt- und Landesgeschichte aus, soweit sie imstande ist, dem heutigen Stadt- und Dorfbild einen geschichtlichen Hintergrund zu geben. Alles das wirkt sich ganz unbemerkt im täglichen Leben aus. Es kann aber, wo es bewußt wird, die Bindung an die Heimat wesentlich stärken. *Nietzsche* hatte an der eben angeführten Stelle primär die zeitliche Grenze im Auge, die zwischen Behalten und Vergessen besteht, und war von der Notwendigkeit des Vergessenkönnens ausgegangen, also von der Notwendigkeit, *übermächtig* gewordene Tradition abzuwerfen. Wir müssen heute in einer weitgehend fortgeschrittenen Traditionslosigkeit vielleicht stärker die Gegenseite, die Notwendigkeit des Bewahrens einer Überlieferung, betonen.

Auch in der Heimat muß man erst heimisch werden

Nur muß man sich vor der vereinfachenden Vorstellung hüten, daß dem Menschen der ihn umgebende Bereich *von vornherein* schon als Heimat gegeben sei. Das mag beim kleinen Kind der Fall sein, solange es noch im ungebrochenen Vertrauen zu seiner Umwelt lebt. Der erwachsene Mensch hat dieses Vertrauensverhältnis zur Heimat weitgehend verloren. Sie ist ihm gleichgültig geworden, und sie hat damit auch weitgehend ihre tragende und schützende Funktion verloren. Er muß darum, wenn er zu einem erfüllten Leben kommen will, das Vertrauensverhältnis zur Heimat erst wieder gewinnen. So wie *Heidegger* einmal gesagt hat, daß der Mensch das Wohnen erst wieder lernen müsse, so schließt das ein, daß er auch das Beheimatetsein erst wieder lernen muß. Er hat Heimat nur, wenn er sich die

Umwelt zur Heimat gemacht hat, sie sich zu eigen gemacht hat. Er muß sie nach dem bekannten Wort erwerben, um sie zu besitzen.

So wie der Mensch seine Wohnung erst wohnlich machen muß, indem er sie nach seinem Geschmack und seinen Bedürfnissen einrichtet, so daß sie zum Ausdruck seines Wesens wird und er sich in ihr wohl fühlen und von seinen Anstrengungen ausruhen kann, indem er Erinnerungsstücke bewahrt, die ihm seine Vergangenheit lebendig erhalten, so muß er sich auch in seiner Heimat erst heimisch machen. Das aber gelingt, anders als bei der Wohnung, nicht, indem er von sich aus eine Heimat aufbaut und sie nach seinen Bedürfnissen gestaltet; denn die Heimat ist ihm (im wesentlichen wenigstens) *vorgegeben,* und er muß sich seinerseits ihr anpassen, sie sich vertraut machen, sie lieb gewinnen. Wie das im einzelnen geschieht, durch die Pflege der *nachbarschaftlichen* Beziehungen, durch das *Wandern* in die nähere oder fernere Umgebung, durch den Blick für ihre Schönheiten, durch das Hinhören auf den besonderen Klang ihrer Sprache usw., das kann hier nicht im einzelnen ausgeführt werden.

Für die Heimat verantwortlich

Aber bis zu einem gewissen Maß ist der Mensch auch verantwortlich für seine Heimat. Er muß ihre Geschlossenheit und Schönheit vor schädigenden Einflüssen zu bewahren suchen. *Natur- und Denkmalschutz* haben hier ihre wichtigen Aufgaben. Trachtengruppen und Musikvereine tragen im dörflichen Bereich das ihrige bei, alte Bräuche zu bewahren und Heimatbewußtsein und Heimatstolz zu stärken. Darin wird deutlich, daß Heimat stets eine besondere, in ihrer Besonderheit zu pflegende Eigenart bedeutet, die sich vor anderer, schon der nachbarlichen Eigenart abgrenzt. Aber das geschieht ohne allen Anspruch, ohne Gefühl der Überlegenheit über den anderen, sondern offen und verständnisvoll für andere Eigenart, wie es sich ja schon in den häufigen wechselseitigen Besuchen der Heimatvereine auswirkt. Heimat ist kein politischer Begriff und damit auch ohne politischen Anspruch.

Solche Heimatbünde tragen wesentlich dazu bei, das Bewußtsein der Heimat und ihrer Traditionen zu erhalten. Aber damit ist auch die Gefahr einer geheimen Unehrlichkeit gegeben: daß nämlich *künstlich* bewahrt werden soll, was in Wirklichkeit längst verlorengegangen ist und darum nicht mehr mit echtem Leben erfüllt werden kann. Allerdings wäre es zu einfach, zu sagen, diese Bemühungen seien so lange und nur so lange sinnvoll, als die gepflegten Überlieferungen noch in der Bevölkerung lebendig sind. Bis zu einem gewissen Grade ist jedes Erhalten auch ein *Wiedererwecken.* Heimatpflege hat notwendig einen gewissen *konservativen* Zug. Und das bedingt, daß die warmen Gefühle, die den Menschen mit seiner Heimat verbinden, leicht auch *mißbraucht* werden können, indem sie von politischen

Kräften für ihre Zwecke in Anspruch genommen werden. Hier sind Takt und Zurückhaltung erforderlich.

Auch eine neue Heimat kann begründet werden

Aber man soll die Heimat auch nicht zu früh mit der Gegend gleichsetzen, in der der Mensch geboren ist. Viele leben, teils freiwillig, teils unfreiwillig, außerhalb ihrer angeborenen Heimat, und es entsteht die Frage: Sind diese darum in geringerem Maß Menschen? Fehlt ihnen etwas am vollen Menschsein? Auch hier darf man sich die Antwort nicht zu leicht machen. Wenn man zunächst an das Schicksal der *Heimatvertriebenen* denkt, so sind hier vielleicht zwei Möglichkeiten zu unterscheiden. Wer zu *alt* geworden ist, um sich in einer neuen Umwelt einzuleben, der findet in den *Vertriebenen-Verbänden* einen Halt. Hier kann die Erinnerung an die alte Heimat gepflegt werden. Menschen gleichen Schicksals finden sich zusammen. Hier können alte Bräuche fortleben. Man kann etwa das Weihnachtsfest in altgewohnter Weise feiern. Das alles ist eine sinnvolle und notwendige Hilfe. Anders aber sieht das Problem bei den *Jüngeren* aus; denn diese dürfen sich nicht in der Resignation verschließen, sie müssen vorwärts blicken und haben die Aufgabe, für sich und ihre Familie im neuen Land eine neue Heimat zu begründen, und in der Regel ist es ihnen auch gelungen.

Aber viele sind seit alters her auch ohne äußeren Zwang in die Fremde gezogen, um in der Fremde ihr Glück zu machen, weil es ihnen in der alten Heimat zu eng war. Und auch diese haben (in der Regel wieder) eine neue Heimat gefunden, in der sie sich zu Hause fühlen konnten. Wie dies ohne Überheblichkeit des Besser-wissen-Wollens, im geduldigen Sicheinfügen in die neuen Verhältnisse geschehen kann, ist hier nicht im einzelnen zu erörtern. Im wesentlichen sind es wohl dieselben Aufgaben, die ich zuvor bei der inneren Aneignung der äußerlich gegebenen Heimat hervorgehoben hatte. Die Gemeinsamkeit des erlernten Berufs ist dabei wohl eine große Erleichterung. Entscheidend ist mir im gegenwärtigen Zusammenhang, daß Heimat nicht notwendig an den Geburtsort gebunden ist, daß es auch möglich ist, eine neue Heimat zu gewinnen. Freilich wird auch unter den besten Bedingungen wohl eine gewisse Bitterkeit zurückbleiben, im letzten doch als Fremdling, als Nicht-ganz-Zugehöriger, als „Reingeschmeckter" betrachtet zu werden. Und immer wird wohl eine Sehnsucht nach der verlorenen Heimat und der Geborgenheit der Kindheit zurückbleiben.

Heimat: auch eine Aufgabe der Erziehung

Wenn aber die Heimat nicht selbstverständlicher Besitz ist, sondern erst in eigner Anstrengung angeeignet werden muß, dann ist die Heimat in einem betonten Sinn eine Aufgabe der Erziehung. Es kommt entscheidend darauf an, den heranwachsenden Kindern eine Heimat zu vermitteln. Das wird besonders wichtig, wo die Eltern selbst erst an einen neuen Ort gezogen sind und sich dort selbst erst haben heimisch machen müssen. Auf jeden Fall bedarf es einer besonderen erzieherischen Sorgfalt, um dem Kind in der Heimat einen festen, von einer guten Überlieferung getragenen Boden zu vermitteln, auf dem es dann in Liebe und Vertrauen sein eigenes Leben aufbauen kann.

Diese Vermittlung der Heimat und Erziehung zur Heimat beginnt naturgemäß in der Familie mit der Erfahrung der Geborgenheit im Haus und der Einfügung in einen geordneten Lebensablauf, aber darüber hinaus in dem Vertrautmachen mit der Heimat im weiteren Sinn, mit der Landschaft und ihrer Pflanzen- und Tierwelt, mit den Bauwerken als Zeugen einer alten Kultur, also im Bewußtsein, Glied eines größeren geschichtlichen Zusammenhangs zu sein. Aber die Möglichkeiten der Familie sind hier beschränkt, schon weil vielfach die nötigen Kenntnisse fehlen. Hier setzt dann die Aufgabe der Schule ein, insbesondere die Aufgabe der Heimatkunde, die in diesem weiten Aufgabenkreis ihr vielfach verachtetes und umstrittenes Sonderdasein verliert. Denn es handelt sich nicht nur (wenn natürlich auch) um ein didaktisches Prinzip, nach dem man vom Engeren zum Weiteren, vom Überschaubaren und Vertrauten zum Neuen und Unbekannten fortschreiten muß, sondern, tiefer gesehen, um die Aufgabe einer Verwurzelung des Menschen in einem tragenden Ordnungssystem. Dazu ist freilich erforderlich, daß der Lehrer sich zunächst selbst mit dieser Heimat vertraut macht (und, wenn hier die Nebenbemerkung erlaubt ist, bei ländlichen Verhältnissen selbst im Dorf wohnt, mit der übrigen Bevölkerung lebt und nicht nur für die Unterrichtsstunden mit dem Auto herüberkommt; auch für die ein- oder zweiklassige Dorfschule ergeben sich von hier aus gute Gründe.)

Behausung, nicht Gefängnis

Damit kommen wir zum Anfang zurück. Dem heutigen Menschen ist die Heimat in weitem Maße gleichgültig oder gar fremd geworden. Man hat mit Recht von der Heimatlosigkeit des modernen Menschen gesprochen. Er ist schon im äußeren Sinn *beweglich* geworden. Er wechselt den Wohnsitz sehr viel leichter als in früheren Zeiten, je nachdem es die Berufsmöglichkeiten erfordern, so daß es ihm schwerer wird, irgendwo einen festen Boden zu gewinnen. Er ist aber auch in einem tieferen Sinn heimatlos geworden, weil er die Sicherheit in einem festen Ordnungs- und Wertsystem verloren hat. Viele alte Überlieferungen mit den in ihnen angelegten Verhaltensweisen und Bewertungen der Verhältnisse, die in früheren Zeiten als selbstverständlich galten, sind heute fragwürdig geworden. Die Möglichkeit, hier wieder einen festen Stand zu gewinnen, hängt wesentlich davon ab, daß es ihm gelingt, sich wieder an einem bestimmten Ort heimisch zu machen, und das beginnt sinnvollerweise ganz konkret im räumlichen Bereich, in der Gewinnung eines Bezugspunkts, von dem die Wege ausgehen und zu dem sie zurückführen. Das dem heranwachsenden Menschen zu vermitteln, ist darum das wichtigste Ziel der Heimaterziehung.

Dabei ist aber noch eines zu beachten. Wir waren schon mehrfach auf die Gefahren aufmerksam geworden, die mit einer einseitigen Betonung der Heimat gegeben sind; denn die Heimat gibt zwar Sicherheit und Geborgenheit, aber es ist die Sicherheit in einem *beschränkten* Kreis, und das führt leicht auch zu Engstirnigkeit und Beschränktheit, zum trägen Beharren in dem, was immer schon war, und zum Abschließen gegen den Fortschritt. Darum waren in früheren Zeiten die Handwerksburschen auf Wanderung gezogen, um andere Möglichkeiten ihres Berufs kennen zu lernen, und sind dann mit neuen *Erfahrungen* in ihre Heimat zurückgekehrt. (Erfahrung kommt ja nicht zufällig von fahren her, von dem, was man auf der Fahrt erlebt.)

So kommt es darauf an, daß die Heimat zwar zur Behausung wird, in der der Mensch sicher wohnen kann, aber nicht zum Gefängnis wird, in dem er eingesperrt ist und das seine freie Entfaltung verhindert. In dieser Spannung zwischen Enge und Weite, zwischen ruhigem Verweilen im schützenden Bereich der Heimat und mutigem Ausgreifen in die Ferne, zwischen Beharren in der Tradition und Willen zum Fortschritt, bald mehr zur einen, bald mehr zur anderen Seite sich neigend, verläuft das menschliche Leben. Darin das richtige Maß zu finden, ist die Schwierigkeit jeder Heimatpflege und jeder Heimaterziehung.

Konrad Buchwald

Heimat heute:
Wege aus der Entfremdung

Überlegungen zu einer zeitgemäßen Theorie von Heimat

**Die Heimat sichern ist eine vorrangige
politische Aufgabe geworden**

Kaum ein Begriff ist in den letzten 100 Jahren so strapaziert, so
kommerziell und politisch mißbraucht, so sentimentalisiert und ver-
flacht worden wie der Begriff der „Heimat". Kein Begriff ist aber für
die Millionen der um die Jahrhundertwende aus der dörflichen Heimat in die Industrie Abgewanderten, für die Millionen Heimatvertriebenen der dreißiger, vierziger und fünfziger Jahre bis zum heutigen
Tag so Problem, so Realität geworden wie die „Heimat". Und zugleich scheint Wort und Begriff „Heimat" für große Teile unseres
Volkes in einer mobilen Gesellschaft irreal, ja geradezu suspekt zu
sein.

Aber gerade dieser scheinbar abgewirtschaftete Begriff gewinnt in
der heutigen Krise des Humanen eine unheimliche Bedeutung und
Wiedergeburt – und zwar um so mehr, *je rapider die Heimatqualität
unserer Umwelt absinkt*. Sicherung und ständiges Neuschaffen von
Heimat wird heute zu einer der vorrangigsten gesellschaftspoliti-
schen Aufgaben.

Zugleich gewinnt *Heimat in Europa* eine neue harte Aktualität. Für
die zentral gelenkten National- und die Vielvölkerstaaten wird eine
explosive Entwicklung deutlich. Seit den sechziger Jahren hat – zum
Teil erneut – der Kampf der Volksgruppen und getrennten Völker um
die Bewahrung ihrer kulturellen und sozialen Identität in den heimatlichen Landschaften eingesetzt. Von den Pyrenäen bis zum Ural
gehen die Auseinandersetzungen um Autonomie, um ein „Europa
der Völker und Regionen".

Was ist Heimat heute in einer mobilen Gesellschaft? Was war
Heimat noch bis zur Mitte des vorigen Jahrhunderts am Ende der
Agrargesellschaft in Deutschland?

*Werte treten stets dann erst ins Bewußtsein, wenn sie in Frage
gestellt* werden. So tritt Heimat als Eigenwert erst auf im Verlauf der
politischen und sozialen Umwälzungen des 19. Jahrhunderts. Die

Industrialisierung mit ihren im Frühkapitalismus verheerenden Auswirkungen mußte das *Heimatgefühl* stärken. Nach dem Abwandern aus der dörflichen Gebunden- und Geborgenheit, der Proletarisierung großer Massen in wachsenden Großstädten des mittleren und ausgehenden 19. Jahrhunderts, wurde die verlorene Dorfheimat zum idealisierten Wunschtraum von Geborgenheit und Sicherheit, des überschaubaren Bereichs, in dessen kleiner Gemeinschaft die eigene Person noch etwas galt, zum Idealbild von schöner und gesunder Landschaft. Aller verdrängte Gefühlsreichtum, alle Phantasie schmückte diese scheinbar heile Welt aus. All' dieses fehlte in der Großstadt. Und es ist nicht verwunderlich, daß diese Zeit der Großstadt jeglichen Heimatcharakter absprach.

Was aber bedeutet „Heimat" für unser Volk in seiner heutigen spätindustriellen Gesellschaftsstruktur? Was kann sie in einer erst in Konturen deutlich werdenden, vor uns liegenden Phase der Gesellschaftsentwicklung bedeuten? Was angesichts der sich verändernden politischen und räumlichen Struktur Europas? Welche Chancen zur Gewinnung menschlicher und landschaftlicher Heimat bestehen heute und in den nächsten Jahrzehnten in der Bundesrepublik Deutschland und in Europa?

Eine neue gesellschaftliche Entwicklungsphase zeichnet sich ab

---

Eine Reihe von Zielvorstellungen, Prozessen und Trends erscheinen in besonderem Maße prägend für den vor uns liegenden Zeitraum:

- Die *Regionalisierung* der Nationalstaaten, der Aufstand gegen den Zentralismus politischer, ökonomischer und kultureller Art, der Widerstand gegen zu große, unpersönliche Verwaltungseinheiten, der Trend zu einer „Politik des kleinen Raumes";
- der Strukturwandel unserer Gesellschaft, unter anderem durch *Tertiarisierung*, das heißt, das weitere Anwachsen des Dienstleistungssektors;
- eine *Umstrukturierung des marktwirtschaftlichen Systems* und Ergänzung seiner Instrumente zur Sicherung ökologischer wie sozialer Erfordernisse bei Vermeidung einer zentralgesteuerten Planwirtschaft;
- die Suche nach *ökologisch tragbaren Lösungen* in Wirtschaft, Raumordnung und Städtebau;
- ein zunehmendes *Denken in Systemzusammenhängen* bei der Entwicklung aller Bereiche der Daseinsvorsorge;
- ein seit Ende der sechziger Jahre *wachsendes Umweltbewußtsein* breiter Bevölkerungskreise bei – mindestens zunächst – noch steigender *Umweltbelastung,*
- ein *Wandel der Wertordnungen in Gesellschaft und Volk*

- mit Lösung von einem einseitig technisch-ökonomischen Fortschritts- und Wachstumsdenken;
- mit Wertorientierung an humanen Zielen wie emotionaler Geborgenheit, Selbstbestimmung und Sinnerfüllung von Arbeit und Leben in überschaubaren Gruppen und naturnaher Umwelt;
- mit zunehmendem Sinn für die Erhaltung gewachsener Strukturen in Landschaft, Siedlung und Volk und einer neuen Hinwendung zur Geschichte.
- Insgesamt der Versuch, den Entfremdungsprozeß der industriellen Phase auf einer neuen Ebene aufzuheben.

Wir verwenden für diese sich heute anbahnende und in ersten Konturen abzeichnende gesellschaftliche Entwicklungsphase in Anlehnung an *Daniel Bell* den Arbeitstitel „nachindustriell"[1]). Damit soll deutlich werden, daß wir in ihr Fehlentwicklungen der industriegesellschaftlichen Phase abbauen und zu neuen Inhalten und Formen vorstoßen müssen. *Das Kräftefeld „Heimat" gewinnt hierbei eine zentrale Bedeutung.*

Bei der Überprüfung der Bedeutung von Heimat für eine Gesellschaft von heute und morgen stellen sich die Fragen:

Ist Heimat ein *psychisches Grundbedürfnis* auch des modernen Menschen?

Welche Bedeutung haben *Struktur, Bild, Bauformen der Stadt* für eine heimatliche Bindung an diese?

Welche Bedeutung haben „Natur", naturnahe Landschaft, *natürliche Elemente* in den Stadtlandschaften und den ländlichen Räumen für die Erfüllung unseres Wunsches nach Heimat?

Und: Welche *Konsequenzen* ergeben sich daraus für die Gestaltung und Entwicklung unserer natürlichen und gebauten Umwelt: für Naturschutz, Landschaftspflege, Landschaftsplanung, Grünordnung, Städtebau, Baudenkmalpflege, Regionalplanung und Raumordnung?

Welche Bedeutung hat die *soziale Umwelt* in Dorf, Stadtteil und Stadt für eine heimatliche Bindung an einen Ort: Familie, Betrieb, Vereine?

Welche Bedeutung hat die *kulturell-sprachliche Gemeinschaft* des Volkes und der Volksgruppe?

Kann Heimat als Raum der Identität in Stadt und Dorf erhalten oder geschaffen werden ohne den *politischen Freiraum* der nach innen und nach außen freien Nation?

Müssen sich Heimat, „von unten" und „von oben" nicht im Gegenstromprinzip ergänzen?

Das Heimatgefühl

Die wachsende Kritik am heutigen Städtebau, die Ratlosigkeit führender Städtebauer gegenüber den Problemen, die unsere Großstädte und die Verdichtungsräume in sozialer, in psychischer, in ökologischer und sozialmedizinischer, in organisatorischer, aber auch in ästhetischer Hinsicht stellen, hat zu einer intensiveren Beschäftigung mit dem Problem Stadt und Mensch bei Soziologen[2]), Psychologen und Verhaltensforschern geführt, „damit die Möglichkeit nicht vertan wird, aus der Stadt eine Heimatstadt zu machen"[3]).

Heimatgefühl als Gefühl der ortsgebundenen Geborgenheit in einem wohlvertrauten sozialen Milieu wird fast übereinstimmend als positiv gewertet. Nun meinen einige Autoren, das Entscheidende sei dies Geborgensein in Familie und Freundeskreis, unter Bekannten und Berufskollegen; der Name der Stadt sei nur ein *Symbol* für diese sozialen Kontakte[4]).

Felicitas Lenz-Romeiss bringt dies in ihrem Buch „Die Stadt. Heimat oder Durchgangsstation?"[5]) auf die Formel: *„Heimat" auf deutsch = „symbolische Ortsbezogenheit" auf soziologisch,* meldet aber zugleich gegen diese Vereinfachung Bedenken an: Wenn wir zum Beispiel in Celle, Lüneburg oder Hannover, in Tübingen oder Stuttgart ein „Heimatgefühl" empfinden, ist dann der Name der Städte nur Symbol für die uns in dieser Stadt liebgewordenen menschlichen Beziehungen? Wenn wir etwa nach Jahren in die Heimatstadt zurückkehren und die Freunde gestorben, die Jugendliebe weggezogen, das Elternhaus verkauft sind – bleibt dennoch etwas vom Heimatgefühl? Und wenn es nicht nur der Name der Stadt ist als Symbol für unsere menschlichen Beziehungen in ihr, genügt dann das *Bild der Stadt als bloße Kulisse für heutige oder einstige Sozialkontakte,* um Heimatgefühl zu erzeugen?

Wer diesen Fragen nachgehen will, der höre sich auf der Schallplatte das Musical *Anatevka* an, das lange über die europäischen Bühnen ging. Das Musical schildert das Leben einer kleinen jüdischen Gemeinde der Ukraine im zaristischen Rußland des Jahres 1905 und ihre Vertreibung. Sie mag hier *stellvertretend* für Erleben, Problematik und auch für die Zweifel von Millionen Heimatvertriebener und Flüchtlinge dieses Jahrhunderts stehen.

Als die Gemeinde ihre Habseligkeiten packt, wird die Frage laut: Was bindet uns eigentlich an Anatevka? Und da der Zweifel: „Naja, Anatevka war nicht gerade der ‚Garten Eden'! Und letztens Endes: Was gabs denn hier schon groß? Ein Bett, ein Tisch, ein Stuhl, ein Schrank, ein Baum, ein Strauch. – Was ist schon 'n Herd? Oder 'n Haus? – Was läßt man hier? – Nicht sehr viel *außer Anatevka*". Ja, und nun kommt *das Eigentliche,* um das wir uns hier bemühen und das rational so schwer zu fassen *und trotzdem menschliche Realität ist:* „Bald wird man ein Fremder sein am fremden Ort, und man findet keinen Menschen dort aus Anatevka. Wir gehören zu Anatevka! Fleißiges, ärmliches Anatevka!

Geliebtes Dörfchen! Kleine Heimatstadt."

„Anatevka" läßt die Frage offen, was denn „Heimat" sei: Ob nur „Sozialzusammenhänge", mit dem Ort als Kulisse? Oder ob nicht doch der vom Mensch gestaltete Raum, Stadt wie Landschaft, wesentlich dazu beitragen, daß Heimatgefühl entstehen kann?

„Wenn sie in Ordnung ist,
wird die Stadt zum Liebesobjekt ihrer Bürger"

Alexander Mitscherlich hat in seiner Streitschrift wider „Die Unwirtlichkeit unserer Städte" sowie in einem Artikel in der Zeitschrift *Stadtbauwelt* „Vom möglichen Nutzen der Sozialpsychologie für die Stadtplanung" dazu Stellung genommen. *Mitscherlich* geht an die Frage als Arzt, vom psychosomatischen und soziologischen Aspekt heran: „Unbestreitbar ist jene Neigung, die einer Stadt entgegengebracht wird, oder einem Quartier, einem entlegenen Winkel in ihr, ein Ergebnis psychologischer, nämlich affektiver Prozesse. *Wenn sie in Ordnung ist, wird die Stadt zum Liebesobjekt ihrer Bürger.* Sie ist ein Ausdruck einer kollektiven, Generationen umspannenden Gestaltungs- und Lebenskraft, sie besitzt eine Jugend, unzerstörbarer als die der Geschlechter, ein Alter, das länger dauert als das der einzelnen, die hier aufwachsen. Die Stadt wird zur tröstlichen Umhüllung in Stunden der Verzweiflung und zur strahlenden Szenerie in festlichen Tagen. – Ein Wesen, dem man verfallen ist, von dem man nicht loskommen kann, man bleibt ewig ihr Kind oder ihr zärtlicher Besucher. Oder wir übertragen unsere Enttäuschungen auf diese Gebilde, als seien sie von ihr, der Stadt, verschuldet, kehren ihr den Rücken zu, entfernen uns ihr. Dann wird sie uns ferne wie die ungeliebte Kindheit, die wir in ihr verbrachten. Städte prägen sich uns gestalthaft ein, aber auch gleichsam in ihrer Anatomie. Wo immer wir uns durch die Gassen von Paris bewegen, wir behalten das Gefühl für das Ganze dieses Körpers, für seine Topographie. Wien, das alte Köln, Gent, sie sind mehr als die Summe der Straßen und Häuser. Stadt ist, gelungen oder mißlungen, kultiviert oder trübsinnig, Gruppenausdruck und Ausdruck der Geschichte von Gruppen, ihrer Machtentfaltung und Untergänge, ein unsichtbares, aber ein sehr wirksames Band verknüpft Einstellungen, Mentalität, Beweglichkeit, Traditionalismus der in einer Stadt lebenden Geschlechterfolge. Ein Stilgefühl besonderer Art ist der ‚Stadtgeist'. Neigung und Abneigung dieser ‚Gestalt' einer Stadt bilden sich auf eine so komplexe Weise, daß das ABC der Ästhetik sie nicht erklären kann, und auch unsere Psychologie ist noch viel zu schwerfällig dazu. – Wie weit diese ganz eigentümliche Lebensluft bestimmend in die Biographie der Bürger hineinwirkt, wissen wir keineswegs. Wahrscheinlich wirkt sie sehr tief"[6]).

Ich kenne kein großartigeres und in die Tiefe gehenderes Bekenntnis zur Stadt als Heimat als diese Sätze. „Ein Wesen, dem man verfallen ist, von dem man nicht loskommt, man bleibt ewig ihr Kind oder ihr zärtlicher Besucher." Von wieviel Großstädten kann man das noch sagen?

Stadt und Landschaft als Erlebnisraum

Wir wollen dies durch vier Verse aus *Josef Weinhebers* „Hymnus auf den Kahlenberg" veranschaulichen und interpretieren[7]). In kaum einem anderen Gedicht unseres Jahrhunderts wird diese Verbundenheit mit der großen Stadt und der sie umgebenden Landschaft so deutlich wie in diesen Versen *Weinhebers*. Der Kahlenberg steht am Steilabfall des Wiener Waldes gegen die große Ebene und die Stadt, jedem Bürger seit früher Kindheit vertraut:

> „Nicht weil du, glanzbewußt,
> heute so vornehm tust:
> Weil du ein Wiener bist,
> Berg sei gegrüßt!
> Warst in der überlangen Zeit
> Glück für die kleinen Leut,
> seliger Sonnenuntergang,
> waldwiesenlang.
>
> Hast uns die Stern' in der Nacht
> heimatlich nahgebracht
> heimatlich Turm und Dom
> blinkender Strom.
> Wunderbar säumende Sicht,
> unten lag, Licht an Licht,
> die uns geboren hat,
> schimmernd die Stadt.
>
> Oder wenn Sonnenschein
> wiegte die Wege ein
> und du standst ernst und schwer
> weinhügelher
> talwärts ein winzig Haus,
> Büschen zum Tor hinaus:
> Noch schaut im Traum der Sinn
> so nach dir hin.
>
> Warst uns, Geschlecht um Geschlecht,
> wie du dich gabst, schon recht,
> haben den feineren Herrn
> auch wieder gern.
> Weil du durch alle Not und Last
> immer ein Lächeln hast,
> Weil du ein Wiener bist,
> Berg, sei gegrüßt!"

Gerade dieses Gedicht macht deutlich, *was denn Heimat, Heimatgefühl, Heimatliebe sein könne*. Es zeigt die Beziehungen des Menschen zu seiner Stadt und den umgebenden Landschaftsräumen. Es sind mitmenschliche Begegnungen und Erlebnisse, von den ersten Kindheitserinnerungen über die Jugendliebe bis ins Alter, freudige und schmerzliche, die aufs engste in der Erinnerung verbunden sind mit der Stadt und ihrer Landschaft als Erlebnisraum. Erlebnisraum gilt hier in doppelter Hinsicht: Menschliches Erleben in der Landschaft und Erleben der Landschaft als Erlebnisträger. Aber beides ist im Erleben und in der Erinnerung daran nicht voneinander zu lösen.

Doch noch einmal: „Wenn sie in Ordnung ist, wird die Stadt zum Liebesobjekt ihrer Bürger." Wann ist die Stadt aber in Ordnung? *Mitscherlich* antwortet: Wenn sie *unverwechselbar* ist, wenn sie soviel charakteristische Züge hat, daß sich ihre Bewohner mit ihr identifizieren können, wenn es *ihre Stadt* ist. Stadt kann nach *Mitscherlich* nur Heimat sein, wenn sie *Charakter* hat, also in ihrem Stadtbild unverwechselbar ist: „Wer an einem Herbsttag durch Amsterdam oder im Dezember durch Arles oder Venedig wandert, spürt das Unverwechselbare dieser Gebilde. Ob jemand hingegen die Wohnsilos von Ludwigshafen oder von Dortmund vor sich hat, weiß er nur, weil er dahin oder dorthin gefahren ist. Die gestaltete Stadt kann Heimat werden, die bloß agglomerierte nicht, denn Heimat verlangt Markierungen der Identität eines Ortes[8])."

Was hier gefordert wird, ist identisch mit der verlorenen „Urbanität" unserer Städte und mit einer wieder zu gewinnenden zeitgemäßen „Urbanität". Sie beinhalten nichts anderes als *unverwechselbare städtische Umwelt, die Heimat werden kann.*

Vielfalt und Markierung

Die amerikanische Kritikerin modernen Städtebaus in den USA *Jane Jakobs[9])* erläutert das „Unverwechselbare" näher: Die Stadträume müssen *vielfältig* sein, nicht uniform, monoton, genormt durch die Funktionstrennung. Dieser Begriff der Vielfältigkeit wird uns nun immer wieder begegnen. Wir müssen unser Revier in der Stadt erkennen können an charakteristischen Merkmalen und Symbolen: dem Marktplatz, der Kirche, dem Brunnen, dem Fußgängerbereich mit den Blumenschalen, mit der Kneipe an der Ecke, der Allee am Rathaus, dem Theater, aber auch der Stadtgestalt als Ganzer, der Stadtsilhouette. Der Architekt *Richard Neutra* hat diese Symbole, Orientierungspunkte und -linien, an denen sich der Bürger vergewissern kann, daß er „daheim" ist, „Psychotope", seelische Ruhepunkte genannt.

Kevin Lynch hat die Beziehungen des Menschen zu seiner gebauten Umwelt studiert und ein System der Stadtstrukturen und Raumelemente wie Wege, Grenzlinien, Bereiche, Brennpunkte und Wahrzeichen entwickelt, die für die Wahrnehmung der Stadtgestalt von

Bedeutung sind. In seiner Untersuchung „Das Bild der Stadt" weist *Lynch* darauf hin, wie wichtig die *Vielfalt des Stadtbildes* sei. Da die subjektive Wahrnehmung der einzelnen Bewohner stets etwas voneinander abweiche, erfasse jeder ein anderes Bild seiner Umwelt. Jedem müßten aber geeignete Fixpunkte der Wahrnehmung in seiner Umgebung geboten werden.

Heimatgefühl könne nur in einer Umwelt entstehen, von der man eine gute Vorstellung habe und in der man sich *emotional sicher* fühle:
„Sobald die Stadt zu einem unverwechselbaren und wohlerworbenen Ort wird, kann sie zum Nährboden für die Kristallisation von Bedeutungen und Assoziationen werden. Diese Atmosphäre eines Ortes genügt bereits, um einen günstigen Einfluß auf alle örtlichen Aktivitäten auszuüben und die Bildung von ortsgebundenen Erinnerungen zu fördern"[10]).

Lynch hat so den Stadtplanern deutlich gemacht, daß für den Menschen der Stadt räumliche Umwelt eben *mehr ist als bloße Kulisse,* das heißt daß die Dreidimensionalität des städtischen Raumes in das subjektive Erleben und Erinnern des Bürgers einbezogen wird.

Besonders wichtig erscheint für die menschliche Entwicklung *ein bestimmtes abgegrenztes Territorium, mit dem sich der Mensch besonders eng verbunden fühlt.* Mit *Alexander Mitscherlich* kann man dieses „Revier" auch als die biologische Urgegebenheit betrachten, auf die alles, was mit Heimat zu tun hat, zurückgeht[11]).

Geburtsheimat und Wahlheimaten –
Heimat in einer mobilen Gesellschaft

Eines der Kennzeichen unserer Gesellschaft ist ihre erhöhte Mobilität. Läßt sich unter diesen Bedingungen noch heimatliche Bindung aufrechterhalten? Der Rahmen und die Daseinsformen der selbstgenügsamen, bodenständigen und flächengebundenen Agrargesellschaft wie der Anfangsstadien der Industriegesellschaft sind längst gesprengt.

Die Standorte, an denen sich die einzelnen *Daseinsfunktionen* des heutigen Menschen vollziehen, liegen oft weit auseinander. Wir kennen Berufspendler, Bildungspendler, Einkaufspendler; zur Erholung am Wochenende und in den Ferien werden wieder andere Standorte aufgesucht. Zwischen Wohn- und Arbeitsgemeinden pendelten von den 25,7 Millionen Erwerbstätigen in der Bundesrepublik mehr als sechs Millionen (1968), nahezu zwei Millionen waren täglich mehr als zwei Stunden unterwegs vom und zum Arbeitsplatz. Seit Jahren ist eine Wanderungsbewegung aus den Kerngebieten der Großstädte und Verdichtungsräume sowie aus kleinen dörflichen Gemeinden in die Randgebiete der Ballungen sowie in die Klein- und Mittelstädte im Gange. Motivation ist in erster Linie die höhere Wohn- und Landschaftsqualität bei vorhandenen Arbeitsplätzen.

René König[12]) hat die Notwendigkeit einer engen emotionalen Bindung des modernen Menschen an die Gemeinden als lokale soziale Gebilde betont. *Rüdiger Göb*[13]) hat das bezweifelt und darauf hingewiesen, daß der heutige Mensch zunehmend überlokal orientiert sei und von der Nachbarschaft immer weniger geformt werde. Er bestimme seine Kontakte und Gemeinschaftserlebnisse selektiv. – Sicher sind für viele von uns das menschliche wie das landschaftliche Heimaterlebnis nicht mehr nur an den Rahmen der Nachbarschaft oder den räumlichen Bereich einer Gemeinde gebunden.

Immer weniger Menschen wohnen noch von Jugend auf in einem und demselben Ort. Heimat kann heute sowohl *Geburtsheimat* wie *Wahlheimat* sein. Für den mobilen modernen Menschen, der in immer größerer Zahl in großen Städten lebt oder zu leben gezwungen ist, kann „Heimat" nicht beschränkt werden auf eine Stadt oder einen Stadtbezirk, es gehören vielmehr die immer wieder als Ausgleichsraum aufgesuchte Wahlheimat oder *die Wahlheimaten* bevorzugter Urlaubsorte dazu.

Landschaft als Träger und Vermittler seelischer Erlebnisse

Der Physiognomiker und Sozialpsychologe *Willy Hellpach* hat bereits im Jahre 1911 in seinem berühmten Werk „Geopsyche" darauf hingewiesen, daß bei aller Hochschätzung der physischen Heil- und Kurwirkungen der Landschaft sich wesentliche Erholungsfaktoren gerade im *irrationalen Erlebnis der Natur* verdichten – in den Erlebniswerten, in einer erlebnisreichen Landschaft: die Landschaft als Träger und Vermittler von seelischen Erlebnissen, von in der Psyche des Menschen aufklingenden Erlebniswerten. Wir haben diese emotionale Besetzung von landschaftlichen Strukturen, von Berg und Wald, Flur und Stadt bereits am Beispiel der Landschaft am Abhang des Wiener Waldes gegen die Stromlandschaft der Donau und die große Stadt dargestellt und die Begriffe Heimat und Heimatgefühl daran entwickelt.

Mitmenschliche Begegnungen und Erlebnisse sind aufs engste in der Erinnerung verbunden mit der Stadt und den sie umgebenden Landschaften als Erlebnisraum in doppelter Hinsicht: Menschliches Erleben in der Landschaft und Erleben der Landschaft als Erlebnisträger. Diese emotionale Besetzung ist um so intensiver und in der Erinnerung um so dauernder verankert, je charakteristischer, *je unverwechselbarer die Landschaft* ist. Unverwechselbarkeit erscheint auch im ländlichen Raum als entscheidendes Kriterium heimatlicher Qualität. Unverwechselbarkeit aber ist unter den uns vertrauten landschaftlichen Bedingungen Mitteleuropas nicht möglich ohne ein Mindestmaß an *visueller Vielfalt*. Monotonie und Uniformität lassen keine Identifizierung mit einem Landschaftsraum, keine heimatliche Verbundenheit zu.

Das heißt nicht, daß etwa die Landschaften Nordwestdeutschlands: Geest, Moorniederung und Marsch mit ihrer nach Formenwelt und Farbe schlichteren Vielfalt nicht ein für diese Landschaftsräume spezifisches Maß an Unverwechselbarem und Markierung erreichten. Der Moorforscher *Fritz Overbeck* hat dies in seiner großartigen Schrift „Vom Erleben der Landschaft und vom flachen Lande Niedersachsen" überzeugend nachgewiesen. Er schildert darin die weit über das Visuelle hinausgehenden sinnlichen Wahrnehmungsmöglichkeiten der Landschaft durch Berührung beim Tritt, durch Duft und Geruch, Geräusch und Ton von Wasser, Wind, Pflanzendecke und Vogelruf. Vor allem aber schildert er meisterhaft den hohen Anteil des Himmels im Bild des flachen Landes, seinen Wechsel in Farbe, Wolkengestalt und Beleuchtung über Watt und Marsch, über den großen Stromtälern oder der Weite der Moorniederung. So wird auch hier, neben der zunächst nur dem Einheimischen vertrauten Vielfalt der Strukturen und Standorte, ein nur diesen Landschaften eigener unverwechselbarer Landschaftscharakter erreicht.

Vielfalt hat grundlegende Bedeutung für die natürliche Erholungseignung von Landschaften. Diese *natürliche Eignung für die Erholung* ist wesentlicher *Teil heimatlicher Qualität* des ländlichen Raumes. Heimatliche Qualität für den Städter, den der ländliche Raum als Naherholungs- und Feriengebiet betrachtet und nutzt? – oder auch für den Bauern, den Arbeiterbauern, den Pendler, den Handwerker im Dorf? Für den Bauern, für den der ländliche Raum in erster Linie Produktionsraum ist? Auch hier verschieben sich die Aspekte mit dem Strukturwandel des Dorfes und den städtischen Kontakten[14]).

Wie werden Landschafts- und Ortsbilder beurteilt?

In den letzten fünfzehn Jahren konnte unsere These von der Bevorzugung vielfältiger und unverwechselbarer Räume in Stadt, Kleinsiedlung und freier Landschaft durch die Anwendung *nutzwertanalytischer wie psychometrischer Bewertungsmethoden,* aber auch durch repräsentative Befragungen im Gelände oder durch Bildvergleich (Dias, Fotos) bestätigt und weitgehend objektiviert werden. Es gelang so, die Qualität menschlicher Lebensräume für Erholungssuchende bzw. Bewohner durch Kennziffern bzw. nach Rangstufen zu beurteilen. *Hans Kiemstedt*[15]) untersuchte die natürliche Erholungseignung in ihrer Abhängigkeit von der Vielfalt des Nutzungsmusters und der Strukturen einer Landschaft, von ihrer Benutzbarkeit für Freizeitaktivitäten und vom Bioklima. Die entwickelte nutzwertanalytische Methodik erlaubte die Quantifizierung der natürlichen Erholungseignung durch eine Kennziffer, die er „Vielfältigkeitswert" nannte. So erhielten die offenen, kahlen, vom Baum und Strauch ausgeräumten Landschaftsräume der Hildesheimer und Calenberger Börde mit ihren Weizen- und Zuckerrübenfeldern auf fruchtbaren

Schwarz- und Parabraunerden nur niedrige Vielfältigkeitswerte; die abwechslungsreichere, durch ein buntes Nutzungsmuster und durch Waldstücke, Feldgehölze, Baumgruppen und Hecken reich strukturierte und gegliederte „Kulissenlandschaft" der Moor-Geest im Norden von Hannover dagegen höhere Werte. Meßbare Strukturen der Landschaft werden hier also als Erlebnisträger festgehalten, ohne daß die Erlebniswerte damit bereits in ihrer Qualität erfaßt würden. *Hartmut Jakob*[16]) ist nun noch einen Schritt weitergegangen. Er hat die Frage gestellt: Welches Bild der Landschaft bevorzugen Besucher und welches nicht? *Welche Erlebniswerte* verbinden Besucher *mit bestimmten Bildern,* die ihnen die Landschaft bietet? Welche Struktureigenschaften sind Ursache zur Ablehnung oder Bevorzugung? In einer Veröffentlichung „Zur Messung der Erlebnisqualität von Erholungswaldbeständen" berichtet er über eine Untersuchung im Hannoverschen Stadtwald Eilenriede. Er verwendet dabei die psychometrische Methode des „semantischen Differentials". Besuchergruppen kennzeichnen dabei die verschiedenen Waldbilder und geben über sie skalierte positive, neutrale oder negative Bewertungen ab. Es zeigt sich dabei wie auch bei früheren Untersuchungen anderer Autoren an Bildern von Stadtteilen[17]), daß sich Erlebniswerte, hier von Waldbildern (Laubwald, Nadelwald, Mischwald verschiedener Artenzusammensetzung und Altersstufen), recht differenziert in Diagrammform fixieren lassen. Dabei werden insbesondere Aussagen zu Fragen der *Bewertung von Uniformität* bzw. *vielfältiger Strukturierung* deutlich. Lichte Althölzer von parkartigem Charakter und reich strukturierte Baumhölzer werden im besonderen Maße positiv bewertet. Hier eröffnet sich ein Weg, in der Landschaft wie in Stadt und Dorf erlebte Werte, also psychische, emotionale Werte, quantitativ zu erfassen und nicht nur qualitativ verbal zu beschreiben. Inzwischen ist diese Methode mit Erfolg auch auf *Ortsbilder* von Kurorten an der niedersächsischen Nordseeküste und auf den ostfriesischen Inseln, auf Flurbereinigungsgebiete u. a. angewandt worden. Wir gewinnen so Anhaltswerte, wie wir Landschaften zu bewahren oder neu zu gestalten haben, damit ein Landschaftsraum und seine Siedlungen zur Heimat werden können.

„Territorium" und Heimat:
Psychische Grundbedürfnisse des Menschen

Die vergleichende *Verhaltensforschung* hat die Kategorie des „Territoriums" in unsere Begriffswelt eingeführt. Sie versteht darunter einen begrenzten Raum, den das tierische oder menschliche Individuum als „eigen", als besonders ihm zugehörig, betrachtet und empfindet und dessen „Besitz" ihm bestimmte psychische Grundbedürfnisse erfüllt.
Aus den Untersuchungen der Verhaltensforschung an Tieren kann

entnommen werden, daß die Motivierung für das Territorium überwiegend psychologischer Art ist und dem Verlangen nach *Sicherheit* und *Stimulierung* entspringt. *Richard Ardrey* hat nun in seinem Werk „Adam und sein Revier. Der Mensch im Zwang des Territoriums" die Vermutung geäußert, daß das Streben nach *Identität* ein drittes tierisches Verlangen darstelle, das ebenfalls durch das Territorium erfüllt werde: durch die Identifizierung mit einem bestimmten Stück von etwas Größerem und Beständigerem als es das Tier selbst ist, mit einem Platz – sei er geographischer oder sozialer Natur –, der ihm und nur ihm allein gehört:

„Ich vermute, daß es drei Anfänge gibt, welche das Verhalten aller höheren Tiere einschließlich des Menschen psychologisch motivieren. Es sind die *Bedürfnisse nach Identität, Stimulierung und Sicherheit.* Wieweit sie sich in der Entwicklungsgeschichte zurückverfolgen lassen, können wir heute noch nicht feststellen. Es wäre durchaus denkbar, daß sie die primordialen psychologischen Notwendigkeiten des Lebens selbst darstellen. Wir wollen uns auf die Vermutung beschränken, daß es angeborene, oft miteinander im Widerspruch stehende Impulse sind, die dem Verhalten höherer Lebewesen Übereinstimmung und dem evolutiven Prozeß Kontinuität verleihen[18])."

Es wird im Hinblick auf unser Anliegen einer psychologischen Begründung des Wunsches nach „Heimat" erforderlich, auf die genannten drei Grundbedürfnisse näher einzugehen.

Das Verlangen nach *Identität* bedeutet – im Gegensatz zur Anonymität – den Wunsch, zu wissen, wer man ist, bedeutet Selbstbestätigung und Anerkennung, hier auf dem Wege der *Identifizierung mit einem begrenzten „eigenen" Raum,* der Distanz von anderen erlaubt:

„Das Tier sucht sich von seinen übrigen Artgenossen zu unterscheiden. Als Mitglieder einer Herde, einer Schar, eines Rudels oder eines noyau gehört das soziale Tier einer Gruppe an, die von allen anderen Gruppen getrennt ist. Und innerhalb dieser Gruppe erwirbt es ein Territorium, einen Rang, einen Ruheplatz, der nur ihm allein gehört, um sich von allen anderen Gruppenmitgliedern zu unterscheiden. Es hat eine Identität erhalten. Durch eine feste und einzigartige Verbindung mit etwas Größerem und Dauerhafterem als seinem Selbst – seien es Kiesel im Flußbett oder eine grasende Herde auf einem Hügel – hat es den Druck der Anonymität besiegt, den das tausendfältige Leben fortwährend auf die individuelle Psyche ausübt[19])."

Das Bedürfnis nach Schutz, der Wunsch nach *Sicherheit* und *Geborgenheit* steht im Gegensatz zum Gefühl der Angst und Unsicherheit. Der Wunsch nach *Stimulierung,* nach Anregungen und Reizen steht im Gegensatz zu Langeweile und Monotonie.

Ardrey stellt die Arbeitshypothese auf, daß alle drei genannten psychischen Grundbedürfnisse des Tieres *durch das Territorium am besten befriedigt* werden. Er mißt dabei dem Anspruch auf Identität die größte Bedeutung bei. Wenn aber in der Welt sozialer Tiere ein biologischer Anspruch auf Ungestörtheit in Form des privaten Territoriums oder der individuellen Distanz von Nachbarn besteht, so kann das für den modernen Menschen von größter Bedeutung sein[20]). Hier sei nur an die extremen Situationen erinnert, von denen *Paul Leyhausen*[21]), ein Schüler von *Konrad Lorenz,* unter den Aspekten der vergleichenden Verhaltensforschung aus der Gefangenschaft berichtet und die viele von uns aus eigener bitterer Lagererfahrung kennen: Den Kampf um die Sicherung jenes Minimum-Territoriums, das der einzelne zur Bewahrung seines Selbst existenziell braucht: Der Platz im Zelt, das Bett in der Baracke und, wenn es hochkommt, das eigene Spind für die wenigen Habseligkeiten, die man noch besaß, ein Brief, ein Bild, ein Eßbesteck –.

An wem der Kelch des Lagerdaseins und damit dieser Erfahrung vorbeiging, der nehme sich *Alexander Solschenizyns* „Ein Tag im Leben des Iwan Denissowitsch" zur Hand. Dabei ist es nur ein gradueller Unterschied zwischen Lagerenge und Lagerkoller und den psychischen und physischen Belastungen des Wohnens in großen Wohnblocks mit neurotischen „Etagenkrankheiten" und sonstigen Konsequenzen für eine gesteigerte Morbidität[22]).

Nach allem, was wir aus der Verhaltensforschung an Tieren wissen, muß die territoriale Ordnung oder besser: der „Zwang zum Territorium" einen idiologischen Wert besitzen. Inwieweit lassen sich diese Erkenntnisse auf den Menschen übertragen? Mit Sicherheit gehört dieser nicht zu den seltenen Arten, die auf Ungestörtheit, individuelle Distanz und eigenes Territorium verzichten. Wir können annehmen, daß die Anfänge der allgemeinen psychischen Bedürfnisse des Menschen auf die Zeit vor der Menschwerdung zurückgehen. Der amerikanische Humanpsychologe *Abraham Maslow* spricht von den oben genannten psychischen Grundbedürfnissen als „instinktoiden Bedürfnissen" und geht davon aus, daß die Nichtbefriedigung eines solchen in der emotionalen Struktur des Menschen Schaden anrichten müsse[23]).

Der Traum von der Wohnheimat im Grünen

Intimster Bereich unserer Umwelt, Kernbezirk des menschlichen Territoriums ist die eigene Wohnung – als Optimum gerade für die junge Familie mit Kindern die Wohnung mit dem eigenen Garten. Der Wunsch nach dem Garten am Haus findet sich heute in der Bundesrepublik in allen Sozial- und Berufsgruppen. Das Eigenheim mit Garten, das „Wohnen im Grünen" ist noch immer das vorherrschende Ziel- und Wunschbild. In einer repräsentativen Emnid-Untersuchung 1964 wurde nach den generellen Wohnwünschen der Bevölkerung von München, Bremen und Frankfurt/M. gefragt. Vier Fünftel aller Befragungsgruppen zogen aufgelockerte Bauweisen und Einfamilienhäuser im Grünen – allerdings mit guter Verkehrsverbindung zur City – vor; nur ein Fünftel bevorzugten Wohnformen in Wohnblocks und Hochhäusern. Untersuchungen der Wohnwünsche in Dortmund durch G. Ipsen[24]) zeigten, daß zwar 79% der Befragten im städtischen Bereich zu bleiben wünschten, mit den Bauformen aber nicht einverstanden waren. Im Ifas-Bericht (1964) für den Großraum Hannover wird bei Befragungen die kleine Gemeinde als der richtige Ort für die privaten Lebensbereiche Wohnen und Erholung, die Großstadt hinsichtlich Ausbildung und Arbeit bevorzugt.

Peter Gleichmann[25]) hat in einer repräsentativen Befragung von Familienhaushalten in Hannover 1960 festgestellt, daß der Wunsch des Großstädters nach einem Garten, vor allem aber nach dem Garten am Haus, nie so groß war wie zur Zeit. Die Untersuchungsergebnisse des Karlsruher Soziologen Hans-Joachim Klein zur Soziologie des Eigenheims, publiziert unter dem bezeichnenden Titel „Draußen vor der Stadt", bestätigen dies Spektrum der Wohnwünsche.

Das Leitbild vom „vollständigen Wohnraum"

Heimat in der Stadt bedeutet für den überwiegenden Teil unserer Gesellschaft auch den humanen, vollständigen Wohnraum; das heißt den privat nutzbaren Garten, die Grünfläche am Haus als integrierenden Bestandteil der Wohnung. Weshalb aber sitzt dieses Leitbild als optimal betrachteten Wohnform so tief? Ist es nur ein Zirkel der Gewohnheit, der darin besteht, daß man so lebt, weil so gebaut wird und weiter so baut, weil man so lebt?

Wir meinen, daß diese Vermutung wie auch die Attacken gegen die „Eigenheimideologie" es sich zu leicht machen. Letzten Endes steht hinter diesem Wunschbild ein ureigenster humaner Zug: Der Wunsch nach dem eigenen Territorium. Ihrer für unsere Arbeit grundlegenden Untersuchung zum Heimatphänomen hat Ina Maria Greverus deshalb mit Recht den Titel „Der territoriale Mensch" gegeben. Im territorialen Verhalten sehen wir generell die tiefste Ursache der Suche nach Heimat. Der Wohnbereich ist die kleinste Zelle, auf der sich in Stufen die größere Heimat aufbaut. Auch nach den bisher vorliegenden sozialmedizinischen Untersuchungen des letzten Jahrzehnts zur Frage der sogenannten „Etagenkrankheiten" erscheint die Familienwohnung im Flachbau mit Garten aus humanökologischen wie psychologischen Gründen als die Optimallösung[26]).

Im Interesse höherer Wohndichten, als diese beim freistehenden Einfamilienhaus mit großem Garten erreicht werden, muß in Zukunft sicher der ein- bis zweistöckige Reihenhausbau oder ein verdichteter Flachbau mit intensiv und vielfältig nutzbaren Gartenräumen angestrebt werden, die dem Bewegungsbedürfnis noch genügend Raum geben. Auch die Möglichkeiten dieser Wohnformen auf Mietbasis müssen überprüft und einer sozialen Lösung zugeführt werden. Angesichts der psychischen Belastungen der Arbeitsumwelt, der

Entfremdung im Arbeitsprozeß und der noch wachsenden ökologischen Umweltbelastungen müssen Wohnung und Garten *Räume des Ausgleichs* sein. „Ausgleich" bedeutet nicht, daß nicht gleichzeitig das Grundübel unseres Verhältnisses zur mechanisierten Arbeit – im weitesten Sinne – von den Ursachen her angepackt und einer Lösung zugeführt werden muß.

Mit Räumen des Ausgleichs meinen wir nicht nur Räume der Ruhe und der Naturnähe, sondern auch einen Bereich, der eigenverantwortliche, schöpferische Tätigkeit ermöglicht, mit dem man sich identifizieren, in dem man sich geborgen fühlen und Anregungen emotionaler wie geistiger Art empfangen kann. *W. Nohl*[27]) hat in seiner Begründung einer „emanzipatorischen Freiraumplanung" als lebensverbessernder Formung unserer Umwelt für eine humanere Gesellschaft auf die Notwendigkeit gerade dieser Eigenschaften von Freiräumen hingewiesen: Anregung zum kreativen Tätigsein, Information und Abwechslungsreichtum.

Ersatzheimaten:
Kleingarten, Wochenendhaus, Campingparzelle

Wo dies hier und heute nicht erfüllt werden kann, treten als zwangsläufige Ersatzlösungen Kleingarten und Wochenendparzelle oder die möglichst intim abgegrenzte Fläche auf dem Campingplatz an die Stelle der Wohnung mit Garten. Solange die vitalen, psychischen und ökologischen Grundbedürfnisse des Menschen in der Wohnumwelt nicht befriedigt werden, wird der große Auszug des Städters aus den Verdichtungsgebieten am Wochenende und in den Ferien anhalten und der Druck auf die freie Landschaft sich weiter verstärken. *G. Gröning*[28]) hat in seinen Untersuchungen zum Kleingartenwesen, Dauercamping und Wochenendhauswesen wiederholt darauf hingewiesen, daß die Reduktion der engsten Wohnwelt auf den umbauten Wohnraum – neben zunehmender Freizeit und größerer disponibler Kaufkraft – mit ein auslösender, wenn nicht der entscheidende Faktor für das wachsende Interesse an den Formen des Freizeitwohnens ist.

Udo Hanstein[29]) berichtet über die Gewohnheiten von Taunusbesuchern, sich „ihr Territorium" im Wald zu suchen und kontinuierlich davon Besitz zu ergreifen:

„Was bedeutet es, wenn z. B. die Taunusbesucher trotz ihrer durch das Auto gegebenen Beweglichkeit und eines reichen Angebotes attraktiver Plätze zu einem großen Teil immer an den gleichen Ort kommen? Stumpfsinn oder Gewohnheit bieten gewiß nicht die rechte Erklärung. Ergreifen sie, die vielleicht kein Haus und keinen Garten zu eigen haben, gewissermaßen Besitz von einem ganz bestimmten Fleckchen Grund und Boden? Haben sie ihren Lagerplatz, ihren Weg, ihren Blick, ihre Bank aufgesucht und innere Beziehungen daran geknüpft, die mit der Zeit immer enger werden? Eine ganze Landschaft ist zu groß, zu unüberschaubar, um in der wenigen Zeit, die dafür zur Verfügung steht, mit ihr vertraut zu werden. Von einem kleinen Ausschnitt dagegen kann man innerlich – und für einige Dutzend Stunden im Jahr auch äußerlich – Besitz ergreifen.

Über diese Fragen sollten wir nachdenken. Wenn die Vermutung richtig ist, daß hier – trotz oder gerade wegen der heutigen Mobilität – ein Stückchen Heimat gesucht wird, wenn dem so ist, müssen wir Forstleute uns mit allen Kräften bemühen, dieser Sehnsucht entgegenzukommen. Die Klärung dieser Frage kann man nicht allein der Wissenschaft überlassen. Jeder Forstmann sollte sein Waldpublikum kennen und seinen Wünschen nachspüren . . . Ehe wir die Besucher zum ,Waldbewußtsein' erziehen . . . müssen wir uns selbst zum Menschenbewußtsein erziehen. Denn letzten Endes darf es uns im ,Erholungswald' nicht darum gehen, Besucherströme zu kanalisieren, sondern jedem einzelnen das zu bieten, was er sucht und worauf er im öffentlichen Wald, in seinem Wald also, ein Recht hat."

Hier wird das Entscheidende über den menschlichen Wunsch nach dem begrenzten, erfahrbaren Bereich des Territoriums als eine der Grundlagen des Heimatgefühls ausgesagt[30]).

Auch die freie Landschaft muß Voraussetzungen für die Erfüllung der Wünsche nach Identifizierung, nach Anregungen und Geborgenheit bieten. Identifizierung mit der freien Landschaft heißt in diesem Falle: Ja sagen können zu ihr als Umwelt, die Möglichkeit, aus dieser „Umwelt einen Teil seiner Innenwelt zu machen"[31]). Das setzt eine vielfältige, unverwechselbare Landschaft, eine Landschaft voller Erlebnisträger, als Sender von Erlebniswerten voraus.

Portmann[32]) hat darauf hingewiesen, daß von diesen Kontakten mit dem „nicht vom Menschen Gemachten" schöpferische Anregungen, Kreativität ausgehe. Die reich strukturierte, gegliederte, vielfältige Landschaft, die wir uns innerlich zu eigen machen, in der wir uns orientieren können, bedingt zugleich das Gefühl der *Sicherheit* und *Geborgenheit*.

Nach dem hier Dargelegten vermuten wir in dem weit in vor- ,und frühmenschliche Evolutionsphasen zurückreichenden „Zwang zum Territorium" und in den von ihm erfüllten psychischen Grundbedürfnissen die vielleicht entscheidende biologische und psychische Wurzel des menschlichen Wunsches nach Heimat.

Der Mensch ist nicht beliebig anpassungsfähig

Zwei Forscher: *Adolf Gehlen* in seiner philosophischen Anthropologie[33]) und der Basler Zoologe und Anthropologe *Adolf Portmann* in seinen diversen Studien zu einer neuen Lehre vom Menschen[34]), haben darauf hingewiesen, daß *der Mensch biologisch im Vergleich zu allen anderen Tieren eine Sonderstellung* einnimmt. Der Mensch sei nicht auf eine *spezielle* Umwelt, das heißt bestimmte Lebensstätten oder „ökologische Nischen", festgelegt, sondern auf einen weiten Umkreis von „Welt" eingestellt, der Mensch sei das „weltoffene Wesen" *(Gehlen)*. Der Wesensunterschied Tier/Mensch liegt tatsächlich in der Beziehung Organismus/Umwelt. Im Gegensatz zum Menschen bildet das Tier mit seiner Umwelt eine Einheit, ein *Ökotop*, dessen Glied es ist und mit dessen abiotischen und biotischen Faktoren es durch alle Funktionen innig verbunden ist.

Diese Aussage der Weltoffenheit des Menschen gilt aber ökologisch gesehen nur begrenzt. Zunächst haben gerade die Erfahrungen der Raumfahrt gezeigt, daß der Mensch physiologisch-ökologisch an die Geosphäre als Ökosystem, an ihre Druck-, Temperatur- und Strahlungsverhältnisse wie an die Zusammensetzung ihrer Gashülle gebunden ist und außerhalb der Erde nur existieren kann, solange ihn die ökologischen Verhältnisse der Erdhülle in der Raumkapsel schützend umgeben. Die Erkenntnisse der derzeitigen Umweltkrise haben zugleich gezeigt, daß dem Menschen auch innerhalb der Geosphäre bei von ihm selbst verursachten Änderungen der Umweltfaktoren Wasser, Luft, Klima, Nahrung relativ enge Grenzen gesetzt sind, wenn nicht sein Wohlbefinden, seine Gesundheit oder gar seine Existenz in Frage gestellt sein sollen. Der Mensch ist nicht beliebig anpassungsfähig, weder physiologisch-ökologisch noch psychisch.

Andererseits sei der Mensch als „hilfloser Nestflüchter", als „Nestflüchter ohne flüchten zu können" *(Portmann)* in seiner Lebensweise nicht ausreichend durch Instinkte geführt und gerichtet. Er stehe als das unfertige Wesen im lebenslänglichen Lernprozeß und sei als das ungeschützte und ungenügend instinktgesicherte Wesen gezwungen, sich die ihm gemäße, schützende Umwelt erst zu schaffen. Der Mensch muß, um heimisch zu werden, sich eine Welt selbst aufbauen. So schafft er sich ein schützendes Heim als gebaute Umwelt und gestaltet nutzend die Naturlandschaft zur Kulturlandschaft um. *Er schafft sich „Heimat".*

Entfremdet in vielfacher Hinsicht

Bei dieser Gestaltung der Umwelt ist der Mensch der Industriegesellschaft über das „humane" Maß hinausgegangen. Der Mensch hat sich während dieses Prozesses in fünffacher Hinsicht „selbstentfremdet":
– von seiner natürlichen Umwelt,
– von seiner gebauten, technischen Umwelt,
– von seiner mitmenschlichen Umwelt,
– von seiner Arbeit – dem Arbeitsprozeß wie dem Arbeitsprodukt und
– von sich selbst.

Unter Selbstentfremdung verstehen wir hier, daß der Mensch bei der durch seine Konstitution bedingten Notwendigkeit der Gestaltung einer ihm gemäßen Umwelt das *Optimum dieser Umweltveränderung vielfach überschritten* hat. Dies gilt vor allem für die industrielle Phase der Gesellschaftsentwicklung. Die von ihm selbst veränderte natürliche Umwelt, die von ihm geschaffene gebaute und technische Umwelt beginnen in großen Bereichen, lebensfeindlich zu werden. Sie bedrohen die menschliche Existenz, nachdem psychische und ökologische Grundbedürfnisse des Menschen nicht mehr erfüllt werden. Die von Menschen geschaffenen Umweltverhältnisse wie die sozialen und ökonomischen Strukturen gefährden aber auch die mitmenschlichen Beziehungen und die volle Entfaltung des Menschen in seinen bewußten und unbewußten seelischen Bereichen, entfremden ihn vom Du wie vom Ich.

Ergebnis dieses umfassenden industriegesellschaftlichen Entfremdungsprozesses ist die Heimatlosigkeit des modernen Menschen in einer nicht mehr überschaubaren und scheinbar übermächtigen Zivilisationswelt sowie in der heutigen Arbeitswelt. Unsere Aufgabe ist es, Wege aus der Entfremdung zu finden, Heimat zu schaffen.

Es wird nötig, auf diesen Entfremdungsprozeß näher einzugehen:

1. *Entfremdung von der natürlichen Umwelt* durch Umgestaltung natürlicher Ökosysteme in künstliche Systeme, die Verarmung an Formen des Lebendigen um uns, an Arten, Lebensgemeinschaften und Lebensstätten, aber auch an visueller Vielfalt der Strukturen, der Farben und des Lichts. Das geschieht in einem Ausmaß, das schließlich die Umwandlung der ökologischen und visuellen Vielfalt in uniforme Monotonie bewirkt mit allen psychischen und physischen Auswirkungen auf den Menschen als Glied des Ökosystems Erde, mit dem Verlust des Kontaktes zum außermenschlichen Leben und dem Verlust der kreativen Anregungen, die von der natürlich gewordenen und gewachsenen Welt ausgehen[35]). Umweltzerstörung bedeutet hier Zerstörung von Heimat. Dieser Zerstörungsprozeß unserer Landschaft als eines der Grundelemente von „Heimat" hat in Mitteleuropa in dem heutigen Ausmaße mit der industriellen Revolution eingesetzt[36]). Er ist bisher an die Industriegesellschaft gebunden, und dies sowohl im westlichen marktwirtschaftlichen System wie in sozialistischen Planwirtschaften. Der Entfremdungsprozeß auf allen hier diskutierten Ebenen beruht letzten Endes auf dem hinter beiden stehenden einseitig mechanistisch-ökonomischen Fortschrittsdenken. Sicherung von „Heimat" als humaner Umwelt erscheint so unlösbar verbunden mit einer Wandlung der sozio-ökonomischen Ordnungsvorstellungen beider Systeme; vor allem aber auch mit der Anerkennung des „Gesetzes der Grenze" für ökonomisches und demographisches Wachstum auf unserer Erde[37]).

2. *Entfremdung von seiner gebauten/technischen Umwelt,* die Eigengesetzlichkeit gewinnt und ihn selbst bedroht. Auf dem Wege von der ihm feindlichen, wilden Naturlandschaft ohne Geborgenheit über eine naturnahe, wohl optimale Gestaltung der Kulturlandschaft sind

wir dabei, die „Maße" zu verlieren, auf dem Wege zu einer immer künstlicheren, lebensfeindlichen Welt. Die derzeitige Umweltkrise zeigt unsere Situation an.

Der Arzt und Psychologe *Joachim Bodamer* hat diesen Prozeß in seinem Werk „Gesundheit und technische Welt" treffend gekennzeichnet: *„Wir sind nicht mehr zu Hause in dieser Welt,* die wir zwar geschaffen haben, die aber unser Feind zu werden droht, weil unser Körper, unsere Seele, unsere Sinnesorgane für eine andere Welt ursprünglich entworfen wurden und sich nicht mehr anpassen können."

3. *Entfremdung des Menschen von den Mitmenschen* ist aufs engste mit unseren ökonomischen und gesellschaftlichen Strukturen verbunden, mit dem Massendasein der großen Städte, ohne Kontakte und Geborgenheit in überschaubaren Gemeinschaften. *David Riesman*[38]) hat mit Recht von der „einsamen Masse" gesprochen.

Im 5. und 6. Brief der „Ästhetischen Erziehung des Menschen" weist *Schiller* auf das menschliche Urphänomen der Entfremdung hin. *Hegel* entwickelt in seinen theologischen Jugendschriften den Gedanken der Entfremdung vom Mitmenschen und sich selbst infolge der durch die eigene Arbeit geschaffenen Welt des Eigentums. Nach *Hegel* greifen *Marx* und *Engels* in der „Deutschen Ideologie" (1845/ 1846) den Gedanken der Selbstentfremdung auf, und zwar durch die Arbeits- und Sozialorganisation. Als arbeitendes Wesen schaffe der Mensch immer neue Produkte, die statt ihm dienlich zu sein, zu seinen Tyrannen werden. Mit der Arbeit werde der Mensch unter den derzeitigen Eigentumsverhältnissen von der Natur, vom Mitmenschen und sich selbst entfremdet.

4. *Entfremdung des Menschen von seiner Arbeit – dem Arbeitsprozeß wie dem Produkt seiner Arbeit.* Der industriegesellschaftliche Mensch wurde so zugleich dem Arbeitsprozeß, dem Betrieb wie dem Produkt seiner Arbeit bei Verlust der Kreativität entfremdet. Es ist das historische Verdienst von *Marx,* diesen Teil des Entfremdungsprozesses offengelegt zu haben.

Der Entfremdungsprozeß als menschliches Urphänomen ist aber sicher komplexer als es *Marx* sah und läßt sich nicht nur ökonomisch über die Eigentumsverhältnisse und den Produktionsprozeß ableiten bzw. durch Änderung der Eigentumsverhältnisse beheben.

5. Dies wird besonders deutlich, wenn man die *Entfremdung des Menschen von sich selbst* betrachtet.

Die Marxsche Theorie ist gerade auch in psychologischer Hinsicht unzureichend. Der Entfremdungsprozeß sei hier – so *F. L. Neumann*[39]) – in erster Linie psychologisch zu sehen als Entfremdung des „Ich" von der Dynamik der vitalen Antriebe. Entfremdung ist hier also zu verstehen als Trennung vom unmittelbaren Leben. Seelisches Leben spielt sich auf zwei Ebenen ab, der des Bewußtseins und der des Unbewußten. Die Orientierungen und Haltungen des Menschen verhalten sich auf beiden Ebenen komplementär zueinander: „Es ist müßig zu fragen, wo der eigentliche Charakter des

Menschen zentriert sei, im Bewußten oder im Unbewußten. Ich glaube, daß diese Frage überhaupt falsch gestellt ist. Der Mensch ist das Zugleich beider Haltungen und Orientierungen; er ist – wie es einst Nicolaus Cusanus formulierte – eine coincidentia oppositorum, ein Zugleich von Gegensätzen, ein widersprüchliches Wesen" (*C. G. Jung*).

Bei der doppelten Seelenstruktur wird es aber verhängnisvoll, wenn durch unsere derzeitigen städtebaulichen, technischen, ökonomischen und sozialen Strukturen die aus dem unterbewußten Bereich kommenden psychischen Grundbedürfnisse des Menschen zu wenig, ja unberücksichtigt bleiben, nicht erfüllbar sind und verkümmern. *G. Simmel* weist in seinem Werk „Der Konflikt der modernen Kultur" auf diese Verschärfung des Konfliktes zwischen den vitalen Kräften und Bedürfnissen des Lebens und den Strukturen der Zivilisation in der Gegenwart hin:

„Und es will mir scheinen, als ob von allen geschichtlichen Epochen, in denen dieser chronische Konflikt sich zum akuten gesteigert hat und die ganze Breite der Existenz zu erfassen suchte, noch keine ihn so deutlich wie die unsere als ihr Grundmotiv enthüllt hätte."

Die menschlich geschaffenen Strukturen sind lebensfeindlich geworden. Der amerikanische Soziologe *F. W. Ogburn*[40]) hat diesen Widerspruch zwischen dem einseitigen technisch-ökonomischen Fortschritt und der Gestaltung unserer Umwelt einschließlich der mitmenschlichen Beziehungen und unserer Moral und Politik treffend als den *cultural lag,* das kulturelle Nachhinken bezeichnet.

Die menschliche und die landschaftliche Heimat

Wir sahen: Zwei ganz unterschiedliche Größen lassen eine Stadt, ein Stadtviertel, ein Dorf sowie den sie umgebenden Landschaftsraum für Menschen zur Heimat werden:

Es sind einmal die Bindungen an andere Menschen, die Verbundenheit mit einer menschlichen Gemeinschaft oder mit Gruppen, in Familie, Verein oder Betrieb, in denen man sich geborgen fühlt. Die sprachlich-kulturelle Gemeinschaft des Volkes ist fast immer Voraussetzung dieser Verbundenheit.

Es sind zum anderen Strukturen und Bilder einer Stadt, einer Landschaft, in der man sich heimisch fühlt, mit der man sich identifizieren, zu der man sich als Heimat bekennen kann – Heimat, die Identität gibt und Antwort auf die Frage: *Wer bin ich und wohin gehöre ich?*

Ich möchte diese beiden Komponenten des Heimatgefühls und des Heimatverständnisses die menschliche und die landschaftliche Heimat nennen. Beide sind aufs engste miteinander verknüpft, bald tritt die eine, bald die andere Bindung stärker hervor. Beide bedingen und ergänzen sich gegenseitig. Ist Heimat der Ort, der Landschaftsraum, in dem wir die grundlegenden sozialen Erfahrungen gesammelt haben – sei es in Kindheit und Jugend, sei es im späteren Alter in der Wahlheimat, so kommt es im Verlaufe dieser sozialen Prozesse zu einer emotionalen Besetzung der Strukturen und Bilder der heimatlichen Stadt und der Landschaft. Erlebniswerte, Gefühlswerte wie rationales Erfahrungsgut heften sich in der Erinnerung an den Raum. Diese „emotionale Fixierung" der natürlichen wie gebauten Umwelt wird um so intensiver sein, je unverwechselbarer, charakteristischer dies ist.

Diese mitmenschliche, gebaute und natürliche Umwelt, die wir als Heimat erfahren können, wird zunächst nur ein begrenzter Ausschnitt aus der sozialen und räumlichen Umwelt einer Stadt oder einer Landschaft sein, um den sich später in konzentrischen Ringen weitere Räume legen, in denen wir heimisch werden können. Wenn *Mitscherlich* als Voraussetzung neu entstehenden Heimatgefühls in einer industriellen, mobilen Gesellschaft die Fähigkeit nennt, „aus seiner Umwelt einen Teil seiner Innenwelt zu machen", Umwelt als Erlebniswerte in sich aufzunehmen, so kennzeichnet das treffend den hier so entscheidenden emotionalen Bereich. *Heimat ist die menschliche wie landschaftliche Umwelt, an die wir uns rational wie emotional gebunden fühlen, die Identität gibt.*

Sicherung und Schaffung von Heimat heißt letzten Endes, der Entfremdung entgegenzuwirken. Es kann dies nur ein langfristiger Prozeß sein mit allen gesellschaftlichen und ökonomischen Konsequenzen, der Weg zu einer im tiefsten Sinne „humanen" Gesellschaft und Umwelt. Wenn die „nachindustrielle" Gesellschaft eine solche humane Gesellschaft werden soll, so muß sie die menschlichen, psychischen wie ökologischen Grundbedürfnisse zu den Kriterien für eine humane Umwelt machen. Nur dann kann der moderne Mensch Heimat erfahren. *So gewinnt Heimat heute eine enorm politische Dimension.*

Literaturhinweise

Anatevka („Fiddler on the roof") (1969). Musical nach der Erzählung „Trevje, der Milchmann" von Sholem Aleichem. Wien-München.
Ardrey, R. (1968): Adam und sein Revier. Der Mensch im Zwang des Territoriums. Wien.
Bartsch, G., 1978: Ökologie, soziale Frage und Nationalismus. Die Troika der osteuropäischen Revolution. – Junges Forum, H. 3/78.
Bell, D., 1975: Die nachindustrielle Gesellschaft, Frankfurt/M.-New York.
Bodamer, J., 1955: Gesundheit und technische Welt. Stuttgart.
Boström, J. und R. Günter, 1972: Arbeitersiedlung Eisenstein. Bauwelt, 1972, H. 43.
Brehpol, W., 1952: Die Heimat als Erziehungsfeld. Entwurf einer soziologischen Theorie der Heimat. In: Soziale Welt 1952.
Brockmann, A. D. (Hrsg.), 1977: Landleben. Ein Lesebuch von Land und Leuten, Reinbek.

Buchwald, K., 1968: Auswirkungen des Umweltwandels auf die Menschen der industriellen Gesellschaft. Folgerungen für die Naturschutz- und Landschaftspflegearbeit. In: Buchwald/Engelhardt: Handbuch f. Landschaftspflege und Naturschutz, 1, S. 87–98.

Ders., 1976: Rückschau und Ausblick. Zwanzig Jahre Kulturwerk für Südtirol (hier: Das Europa der Völker, Sicherung der Minderheiten, Brückenlandschaft Südtirol, Realität des Heimatgedankens, die Kulturpolitische Aufgabenstellung, die Situation der deutschen Volksgruppe seit dem Ende des Ersten Weltkrieges u.a.). – Südtiroler Rundschau. Sondernummer 1976.

Ders., 1978: Umwelt – Mensch – Gesellschaft. Die Entstehung der Umweltproblematik. In: Buchwald, K. u. Engelhardt, W. (Hrsg.): Handbuch für Planung, Gestaltung und Schutz der Umwelt, 1, München.

Ders., 1979: Heimat für eine Gesellschaft von heute und morgen. In: 75 Jahre Deutscher Heimatbund, Neuss.

Ders., 1980: Umwelt und Gesellschaft zwischen Wachstum und Gleichgewicht. – Ebenda, Bd. 4, München.

Bühlow, J. B., 1978: Deutschland und die osteuropäische Völkerrevolution. – Junges Forum 1/78.

Eibl-Eibesfeldt, I., 1978: Der Mensch und seine Umwelt – Ethnologische Perspektiven. In: Buchwald, K. u. Engelhardt, W. (Hrsg.): Handbuch für Planung, Gestaltung und Schutz der Umwelt, 1, München.

Eichberg, H., 1978: Nationale Identität, Entfremdung und nationale Frage in der Industriegesellschaft, München.

EMNID-Institut, 1964: EMNID-Informationen 21 u. 32, Stuttgart.

Fanning, D. M., 1967: Families in Flats. – Brit. med. Journal 4/1967.

Feldes, R., 1981: Das Verschwinden der Harmonie. Hamburg.

Franke, J., 1969: Zum Erleben der Wohnumgebung. Stadtbauwelt 24, 1969.

Franke, J. u. Bortz, J., 1972: Beiträge zur Anwendung der Psychologie auf den Städtebau, I. Vorüberlegungen und erste Erkundungsuntersuchung zur Beziehung zwischen Siedlungsgestaltung und Erleben der Wohnumgebung. – Z. f. exp. u. angewandte Psychologie 1972, Bd. 19, H. 1.

Gehlen, A., 1950: Der Mensch. Seine Natur und seine Stellung in der Welt. Bonn.

Gerber, G., 1978: Regionalismus und Öko-Bewegung in Elsaß-Lothringen. In: Regionalismus und Ökologie – Junges Forum, H. 4/78.

Gleichmann, P., 1963: Sozialwissenschaftliche Aspekte der Grünplanung in der Großstadt, Stuttgart.

Göb, R., 1968: Ein Wert ohne Plüschgefühle. – Christ und Welt, Jg. 21, Nr. 20.

Greverus, I.-M., 1972: Der territoriale Mensch. Ein literaturanthropologischer Versuch zum Heimatphänomen. Frankfurt/Main.

Dies., 1979: Auf der Suche nach Heimat, München.

Gröning, I., 1972: Überlegungen zu Wohnräumen im Freien und deren Ersatzformen. – Landschaft und Stadt, 4, 1972.

Ders., 1974: Tendenzen im Kleingartenwesen. Stuttgart.

Ders., 1975: Über das Interesse an Kleingärten, Dauercamping, Parzellen und Wochenendhausgrundstücken. – Landschaft und Stadt, 7, 1975, H. 1–3.

Ders., 1979: Formen des Freizeitwohnens. In: Buchwald, K. u. Engelhardt, W. (Hrsg.): Handbuch für Planung, Schutz und Gestaltung der Umwelt, 3, München.

Ders., 1978: Dauercamping. Analyse und planerische Einschätzung einer modernen Freizeitwohnform. Habilitationsschrift Universität Hannover (Mskr.), Fachbereich Landespflege.

Hanstein, U., 1967: Über die Gewohnheiten, Ansichten und Wünsche der Waldbesucher. – Allg. Forstzeitschrift, 1967, S. 465.

Ders., 1969: Tun wir genug für den Waldbesucher? – Der Forst- und Holzwirt, Jg. 24, H. 8.

Häussler, S., 1966: Die gesundheitlichen Auswirkungen des Eigenheimbaues. – Z. f. ärztl. Fortbildung 3, 1966.

Havemann, R., 1980: Morgen. Die Industriegesellschaft am Scheideweg. Kritik und reale Utopie, München-Zürich.

Hellpach, W., 1950: Geopsyche, 4. Aufl., Stuttgart (1. Aufl. 1911).

Herlyn, I. und Herlyn, U., 1978: Soziologische Grundlagen der Umweltgestaltung. In: Buchwald, K. u. Engelhardt, W. (Hrsg.): Handbuch f. Planung, Gestaltung und Schutz der Umwelt, 1, München.

Hird, J. F. B., 1966: In: J. Call. gen. Practit 12, 1966.

Howard, E., 1902: Gartenstädte von morgen.

INFAS-Institut, 1964: Verflechtungen im Raum Hannover. Ergebnisse einer soziologischen Strukturuntersuchung 1962. Bad Godesberg.

Ilien, A. und Jeggle, U., 1978: Leben auf dem Dorf. Zur Sozialgeschichte des Dorfes und Sozialpsychologie seiner Bewohner. Opladen.

Imas-Institut Linz, 1980: Studie über die Wohnwünsche in Österreich (nach „Kurier" vom 13. 6. 1980, Wien).

Institut für Fernstudien an der Universität Tübingen (Hrsg.), 1980: Heimat heute. Textsammlung und Studienführer. Tübingen.

Ipsen, G., 1959: Daseinsformen der Großstadt, Tübingen.

Jakob, H., 1972: Zum Erlebnispotential von Waldbeständen. – Natur und Landschaft 6, 1972.

Ders., 1973: Zur Messung der Erlebnisqualität von Erholungs-Waldbeständen. – Diss. am Institut für Landschaftspflege und Naturschutz der Technischen Universität Hannover, 1973.

Jakob-Goldeck, M., 1970: Einige sozialwissenschaftliche Beiträge zum Freizeitproblem und Möglichkeiten ihrer Auswertung für die Grünplanung (Teil II). – Landschaft und Stadt, 3, 1970.

Jakobs, Jane, 1963: Tod und Leben großer amerikanischer Städte. Berlin.

Junges Forum, 1979: Für ein Europa der Völker und Regionen (hier: Berichte über die unter der Schirmherrschaft des Europa-Rates durchgeführten Konferenzen von Galway und Bordeaux). Hamburg.

Kahn, H., 1972: Angriff auf die Zukunft. Wien.

Kahn, H. u. Wiesner, A., 1969: Ihr werdet es erleben – Voraussagen der Wissenschaft zum Jahr 2000. Wien.

Kamberger, K., 1981: Mit dem Hintern am Boden und dem Kopf in den Wolken. Entdeckungsfahrten in Richtung Heimat. Frankfurt/Main.

Keith, A., 1975: Der Territorialbesitz als Faktor in der Menschheitsentwicklung. Die Bedeutung des Gruppengeistes in der Menschheitsentwicklung. Hilfsbereitschaft und Wettbewerb in ihrer Bedeutung für die Menschheitsentwicklung. In: Neue Anthropologie 3.

Kiemstedt, H., 1967: Zur Bewertung der Landschaft für die Erholung. – Beiträge zur Landespflege, Sonderheft 1. Stuttgart.

Klein, H.-J., 1972: Draußen vor der Stadt. Zur Soziologie des Eigenheims. – Landschaft und Stadt, 2, 1972.

König, R., 1960: Heimat, Familie, Gemeinde. In: Schicksalsfragen der Gegenwart. Tübingen.

Ders., 1965: Der Begriff der Heimat in fortgeschrittenen Industriegesellschaften. In: Soziologische Orientierungen. Köln-Berlin.

Kroj, G., 1982: Die Gartenstadtbewegung in Wien. Viele Ideen und Konzepte sind noch immer aktuell. Garten und Landschaft 8/1982.

Krysmanski, R., 1967: Bodenbezogenes Verhalten in der Industriegesellschaft. Münster.

Landzettel, W. u. a., 1980: Mensch und Bauwerk. Dorfentwicklung in Hessen. Hessisches Ministerium für Landesentwicklung, Umwelt, Landwirtschaft und Forsten, Wiesbaden.

Ders. u. a., 1981: Ländliche Siedlung in Niedersachsen. Niedersächsischer Sozialminister, Hannover.

Lehmann, A., 1976: Das Leben in einem Arbeiterdorf. Eine empirische Untersuchung über die Lebensverhältnisse von Arbeitern, Stuttgart.

Lenz-Romeiss, F., 1970: Die Stadt – Heimat oder Durchgangsstation? München.

Leyhausen, P., 1954: Vergleichendes über die Territorialität bei Tieren und den Raumanspruch des Menschen. In: Lorenz und Leyhausen, 1968: Antriebe tierischen und menschlichen Verhaltens. München.

Ders., 1965: Soziale Organisation und Dichtetoleranz bei Säugetieren (vgl. hier insbesondere: Menschliche Dichteprobleme – Der Mensch, ein Massenwesen? Sozialpolitische Konsequenzen). Ebenda.

Ders., 1971: Selbstmißverständnis und Zukunft des Menschen. Reihe: Essenz und Evidenz. Zürich.

Lückert, H.-R., 1972: Der Mensch – das konfliktträchtige Wesen. Das Konzept vom Menschen in der gegenwärtigen Psychologie. Reihe Geist u. Psyche. München.

Lynch, Kevin, 1965: Das Bild der Stadt. Bauwelt – Fundamente 16. Berlin.

Marx, K. u. Engels, F., 1845/46: Deutsche Ideologie.

Milchert, J., 1982: Hervorragende Freiraumstruktur in Arbeitersiedlungen des Ruhrgebietes. Raum und Landschaft 8 und 9/1982.

Mitscherlich, A., 1966: Vom möglichen Nutzen der Sozialpsychologie für die Stadtplanung. Stadtbauwelt 1966, H. 11.

Ders., 1969: Die Unwirtlichkeit unserer Städte. Anstiftung zum Unfrieden. – Edition Suhrkamp 123, 7. Aufl. 1969 (1. Aufl. 1965), Frankfurt/Main.

Mitscherlich, A., Böll, H., Grass, G., Lemberg, E., und Blüm, N., 1971: Was ist Heimat? In: Mitscherlich/Kalow (Hrsg.), Hauptworte/Hauptsachen. Heimat – Nation. Diskussion im Abendstudio des Hess. Rundfunks. München.

Moosmann, E. (Hrsg.), 1980: Heimat. Sehnsucht nach Identität. Berlin.

Nasarski, P. (Hrsg.): Sprache als Heimat. Auswanderer erzählen. Schriftenreihe der Internationalen Assoziation deutschsprachiger Medien II. Berlin/Bonn.

Neumann, F. L., 1954: Angst und Politik – Recht und Staat 178, 9.

Nohl, W., 1974: Eindrucksqualitäten in realen und simulierten Grünanlagen. – Landschaft und Stadt, 6 (4), 1974.

Ders., 1974: Über die Erlebniswirksamkeit von Bäumen. – Mitt. Deutsch. Dendrol. Ges. 67, Hannover.

Ders., 1975: Untersuchungen über das Wirkungsgefüge zwischen der Freiraumstimulation und dem Bedürfnis der Benutzer nach Abwechslung bzw. Information durch den Freiraum, dargestellt am Beispiel ausgewählter, grünbestimmter Freiräume (Grünräume) und ausgewählter Benutzergruppen in Städten. Arbeitsbericht über das Forschungsjahr 1974, Bd. II, TU Hannover 1975. (Als Mskr. vervielfältigt.)

Ders., 1978: Freiraumarchitektur und Emanzipation. Theoretische Überlegungen und empirische Studien zur Bedürftigkeit der Freiraumbenutzer als Grundlage einer emanzipatorisch orientierten Freiraumarchitektur. – Diss. Universität Hannover 1978 (Mskr.).

Oberhäuser, K., 1979: Südtirol wartet auf Europa. Alle Minderheiten erwarten sich bald eine neue Heimat. – Volksbote, 59. Jg., Nr. 22 v. 31. 5. 1979, Bozen.

Oeter, D., 1971: Wird die Sozialmedizin den Städtebau revolutionieren? – Städtehygiene 22, 1971.

Ogburn, F. W., 1958: Cultural Lag.

Overbeck, F., 1956: Vom Erleben der Landschaft und vom flachen Lande Niedersachsen. Stuttgart.

Poppinga, O. (Hrsg.), 1979: Produktion und Lebensverhältnisse auf dem Lande, Opladen.

Portmann, A., 1956: Zoologie und das neue Bild des Menschen. Biologische Fragmente zu einer Lehre vom Menschen. Hamburg.

Ders., 1966: Wir sind ein Stück Natur. Hannoversche Allgem. Zeitung, 1966.

Simmel, G., 1926: Der Konflikt der modernen Kultur. München/Tübingen/Leipzig.

Solschenizyn, A., 1970: Ein Tag im Leben des Iwan Denissowitsch, (Erstmals Moskau, 1962). In: Im Interesse der Sache. 5. Aufl. Neuwied u. Berlin.

Ders., 1976: Der Archipel Gulag. Schlußband (III): Die Katorga kommt wieder. In der Verbannung. Nach Stalin. Bern.

Strauss, W., 1978: Nation oder Klasse. 60 Jahre Kampf gegen die Oktoberrevolution – Geschichte des Widerstandes in der UdSSR. München.

Treinen, H., 1965: Symbolische Ortsbezogenheit. Kölner Zeitschrift für Soziologie und Sozialpsychologie.

Toffler, A., 1980: Die Zukunftschance. Raum der Industriegesellschaft zu einer humaneren Zivilisation. München.

Wehling, H.-G. (Hrsg.), 1978: Dorfpolitik. Sozialwissenschaftliche Analysen und didaktische Hilfen. Reihe: Analysen 22. Opladen.

Ders. (Hrsg.), 1980: Das Ende des alten Dorfes? Stuttgart.

Weinheber, J., 1935: Wien wörtlich, Gedichte. 1. Aufl., Hamburg.

Wöhse, H. H., 1983: Das eigengesetzliche Dorf. Gibt es eine dörfliche Ästhetik? Vortragsrede Universität Hannover WS 1983 (Als Mskr. vervielfältigt).

Ders., 1983: Das abhängige Dorf: Genutzte und ausgenutzte Landschaft. Ebenda.

Wormbs, B., 1975: Wie schön leuchtet uns die Natur? – In: Heimat und Revolution. – Kürbiskern 3/75.

Zillenbiller, E., 1980: Wie sollte das Dorf der Zukunft aussehen? In: Wehling, H.-G.: Das Ende des alten Dorfes? Stuttgart.

Ders., 1981: Das eigenständige Dorfbild im Funktionswandel. ASG Frühjahrstagung 1981 in Schwäbisch Hall.

Anmerkungen

[1]) Der Begriff „nachindustriell" (postindustrial) wurde zuerst von David Riesmann (1958) verwendet, der dabei an eine „Freizeitgesellschaft" dachte. Eine Reihe weiterer Autoren setzte „nachindustrielle Gesellschaft" mit einer „Nachmangelgesellschaft" gleich, so Hermann Kahn und Anthony Wiesner (1967). Diese wie ähnliche Konzepte lassen die ökologischen Rahmenbedingungen künftiger ökonomischer und gesellschaftlicher Entwicklungen außer Betracht. Dies gilt auch für die wesentlich umfassendere Konzeption einer „postindustrial society" Daniel Bells (1975). Vgl. hierzu Buchwald: Im Übergang zu einer „nachindustrielle Phase"? In: Buchwald, K., Engelhardt, W. (1978), Bd.1, S. 41–43. Kürzlich sind nun in den USA und in der DDR gleichzeitig (1980) Werke zweier Autoren erschienen, die beginnende bzw. prognostizierte Wandlungen in der industriellen Produktion, in der Arbeitswelt wie im umweltpolitischen Bereich im Sinne einer realen Utopie der ‚nachindustriellen' Gesellschaft darstellen: Alwin Toffler (1980) und Robert Havemann (1980).

[2]) Vgl. hierzu u.a.: Brehpol (1952), König (1960, 1965), Krysmanski (1967), Treinen (1965). Vgl. Literaturverzeichnis am Ende des Artikels.

[3]) Lenz-Romeiss (1970).

[4]) So bei Treinen (1965).

[5]) Lenz-Romeiss (1970).

[6]) Mitscherlich (1969), 7. Auflage, S. 31–33.

[7]) Weinheber (1935), Verse 1, 3, 4, 5.

[8]) Mitscherlich (1969), 7. Auflage, S. 14/15.

[9]) Jakobs (1965).

[10]) Lynch (1965), S. 14.

[11]) Mitscherlich (1969). Vgl. hierzu den Abschnitt „Territorium und Heimat".

[12]) König (1960, 1965).

[13]) Göb (1968).

[14]) Aus Raumgründen können wir hier einen Abschnitt „Heimat im Dorf?" nicht bringen. Wir gehen auf den Identitäts- und Heimatverlust im Dorf im Zuge der Agrarpolitik der EG wie der für viele kleinere ländliche Gemeinden überwiegend negativ zu beurteilenden Gemeinde- und Kreisreformen, aber auch auf die Regenerationsprozesse im Dorf an anderer Stelle ein. Wir verweisen dazu auch auf: Brockmann (1977), Feldes (1981), Ilien/Jeggle (1978), Landzettel (1981a/1981b), Lehmann (1976), Moosmann (1980), Poppinga (1979), Wehling (1978, 1980), Wöbsel (1983a, b), Zillenbiller (1980, 1981).

[15]) Kiemstedt (1967).

[16]) Jakob (1972, 1973,).

[17]) Franke (1969), Franke und Bortz (1972).

[18]) Ardrey (1968), S. 113–114.[19]) Ders. (1968), S. 167.

[20]) Vgl. hierzu auch Eibl-Eibesfeld (1978).

[21]) Leyhausen (1954, 1965, 1971).

[22]) Fanning (1967), Häussler (1966), Hird (1966), Oeter (1971).

[23]) Zitiert nach Ardrey (1968).

[24]) Ipsen (1959).

[25]) Gleichmann (1963).

[26]) Oeter (1972), Fanning (1967), Häussler (1966), Hird (1966).

[27]) Nohl (1974, 1975, 1978).

[28]) Gröning (1972, 1974, 1975, 1978).

[29]) Hanstein (1969).

[30]) Zum Thema Territorium und Heimat in der Volksdichtung vgl. Greverus (1972).

[31]) Vgl. hierzu die sehr entschiedene Meinung bei Mitscherlich (1966), S. 874.

[32]) Portmann (1966).

[35]) Vgl. hierzu die ausführliche Darstellung der Problematik bei Buchwald (1968), Bd.1, S. 87–98; (1978), Bd.1, S. 1–46.

[36]) Vgl. hierzu B. Wormbs (1975), die mit Recht auf die landschaftszerstörenden Auswirkungen des marktwirtschaftlichen Systems hinweist, ohne aber zu den eigentlichen Ursachen vorzustoßen.

[37] Scholder (1973), Buchwald (1978), Bd. 1, S. 42/43.
[38] Riesman (1958).
[39] Neumann (1954), S. 10 im Kapitel ‚Hegel und Marx'.
[40] Ogburn (1958).

Rainer Jooß

Heimat Geschichte

Heimatgeschichte und ihre politische Bedeutung

Attraktiv sind die Stadtjubiläen, die man allenthalben feiert

---

Man geht sicher nicht fehl mit der Behauptung, daß alles, was mit den Begriffen Heimat und Geschichte beschrieben wird, derzeit in der Öffentlichkeit eine größere Bedeutung besitzt als in den Jahrzehnten unmittelbar nach dem zweiten Weltkrieg. Als Zeichen dafür kann man die Anziehungskraft werten, die von großen *historischen Ausstellungen* ausgeht; aber auch die zahlreichen *Jubiläen,* die man derzeit allenthalben feiert, dürften damit zusammenhängen.

Besonderes Interesse können dabei die Stadtjubiläen beanspruchen. Die kommunalpolitisch Verantwortlichen versuchen, mit Hilfe solcher Veranstaltungen das Interesse der Einwohner an ihrer Stadt zu wecken, ja, diese sollen sich mit ihrer Gemeinde identifizieren, sollen Bürger dieses Gemeinwesens werden. Ganz gewiß spielt dabei auch die Einsicht eine Rolle, daß die kommunale Selbstverwaltung nur noch im Bereich der sogenannten freiwilligen Leistungen – und dazu gehört alles, was mit Kultur und Geschichte zusammenhängt – ein individuelles Profil gewinnen kann. Das gelingt außerdem mit vergleichsweise geringen Mitteln, wenn man an die Summen denkt, die von den Gemeinden für andere Zwecke ausgegeben werden müssen. Im kommunalen Bereich „lohnt" sich zudem, von der Zahl der Jahre her gesehen, die Besinnung auf die Geschichte am ehesten, weil die urkundlichen Erstnennungen der Mehrzahl unserer Städte und Gemeinden im 13. Jahrhundert und davor liegt, so daß fast immer mindestens 700 Jahre herauskommen. Ein so hohes Alter trägt zur *Hebung des kommunalen Selbstbewußtseins* erheblich bei – und in der Tat, nur unsere Städte und Gemeinden können auf eine so lange Geschichte im allgemeinen, die größeren sogar der kommunalen Selbstverwaltung im besonderen zurückblicken. Im Vergleich zu den Gemeinden sind die *Länder* – zumindest in ihrer heutigen Form – recht junge Gebilde, vom deutschen Gesamtstaat ganz abgesehen, der noch grundlegendere Wandlungen durchgemacht hat.

Trotz aller kommunalpolitischer Nebenabsichten und Interessen haben solche Veranstaltungen die wichtige Aufgabe, einem breiten Publikum die eigene Gegenwart als *geworden* darzustellen und

Geschichte als wissentlich oder unwissentlich angenommenen Faktor gegenwärtigen Bewußtseins handelnder Subjekte zu begreifen. Diese Wirksamkeit von Geschichte in der Gegenwart gilt nicht nur für Individuen, sondern auch für Kollektive wie Städte, Regionen und Nationen[1]).

Heimat Geschichte und wie sie vermittelt wird

Beschäftigt man sich damit näher, so kommt man im regionalen und lokalen Bereich um den Begriff „Heimat" nicht herum. Für den vorliegenden Zusammenhang soll davon ausgegangen werden, daß er eine *emotionale Zuwendung* zu etwas bedeutet, was man kennt oder zu kennen glaubt, und zwar aufgrund eines längeren, möglichst in die Kinderzeit zurückgreifenden Umgangs damit. Als *Hauptinhalte,* denen diese Zuwendung und Vertrautheit gilt, können *Landschaft* und *Sprache* gelten. Mit ihnen in enger Verbindung steht die *Geschichte,* allerdings erst in zweiter Linie, weil Geschichte eine vergangene Wirklichkeit darstellt, die erst einer Übernahme als unbefragte Tradition oder einer Rekonstruktion – also Wissenschaft oder Unterricht im weitesten Sinn – bedarf, also nicht so unmittelbar Gegenwart und damit Heimat sein kann wie Landschaft und Sprache. Beide sind allerdings ohne Geschichte, das heißt ohne die Ergebnisse menschlichen Tuns in den verschiedenen Epochen der Vergangenheit, nicht denkbar. Zu dieser Geschichte gibt es verschiedene *Zugänge, emotionale und kritisch-rationale.* Letztere können Methoden und Inhalte von Wissenschaft sein, die es dem Menschen ermöglichen, sich mit Landschaften und Sprachen vertraut zu machen und sich damit eine Heimat oder auch eine weitere Heimat zu schaffen, wenn die alte verloren oder freiwillig aufgegeben wurde.

Zunächst allerdings entsteht Vertrautheit mit der Heimatgeschichte und damit Heimat Geschichte dadurch, daß man in einem Raum, in einer Landschaft eine gewisse Zeit – möglichst in der Kindheit – gelebt und (positive) Eindrücke gesammelt hat; das heißt es handelt sich zunächst um die *Geschichte des eigenen Lebens.* Diese wird in der Regel ergänzt durch die Geschichte *der eigenen Familie,* von der man weiß, daß sie schon lange in dieser Region lebte und arbeitete. Diese kindheitsbedingte, emotionale Zuwendung zu einer Stadt oder Region kann dazu führen, daß man meint, sie müßten immer so bleiben, wie man sie in Erinnerung hat. *Das Wiedersehen* mit einer *veränderten,* das heißt geschichtlich gewordenen Heimat kann zum Verlust von „Heimat" führen. Zu dieser oft als bloßes Gefühl oder als unbefragte Tradition empfundenen und behandelten Geschichte gehören ebenso *religiöse Bindungen und Überzeugungen* samt den damit verbundenen *Gewohnheiten, Bräuchen und Werthaltungen.*

Einen weiteren Bereich dieser Heimat Geschichte bilden alte Städte und Dörfer mit den *Bauten,* die man kennt und für alt, wertvoll, mitunter sogar für einmalig hält, bei deren Betrachtung sich Gefühle wie Liebe und Stolz einstellen und deren Verschwinden als Verlust angesehen würde.

Auch das Wissen darum, daß *Persönlichkeiten,* deren Bedeutung weit über die Region hinausragt, hier ihre Heimat, zumindest ihren Geburtsort hatten, verhilft zu dieser emotionalen Zuwendung zu einer Landschaft oder Region; Sagen und darin auftretende Personen erfüllen einen ähnlichen Zweck.

Heimatbücher jedoch lassen häufig zu wünschen übrig

Vermittelt werden die dafür notwendigen Kenntnisse kurzfristig über die schon erwähnten Stadt- und Gemeinde*jubiläen,* langfristig über immer wiederkehrende *Feste,* über *Gedenktafeln* und *Denkmäler,* über den *Unterricht* und über die *Heimatbücher.*

Zieht man ältere, aber auch neuere Exemplare dieser Gattung historischer Literatur heran, so ergibt sich aus der Kritik an ihnen auch eine Kritik an gewissen Erscheinungen des Heimatbegriffs überhaupt:

Häufig fehlt die Darstellung des Zusammenhangs zwischen örtlichen/regionalen und nationalen oder gar internationalen Entwicklungen. Oft werden *bloße Fakten* geboten, ohne daß nach den politischen und wirtschaftlichen Hintergründen gefragt wird. Es wird *stark personalisiert,* und immer wieder trifft man auf Versuche, den *Charakter* oder bestimmte Eigenschaften zu beschreiben, die die Bewohner von Städten und Landschaften vor anderen auszeichnen, ohne daß nach Ursachen gefragt wird. In vielen Fällen wird die *Gegenwart* und ihre politischen und sozialen Gegebenheiten *ausgespart.* Aus diesen Feststellungen ergibt sich, was die Heimat Geschichte sein soll, nämlich eines der Mittel, mit dessen Hilfe die beschriebene emotionale Zuwendung zu Dorf, Stadt, Land, ja sogar Nation erreicht werden soll[2].

Exakte Geschichtskenntnisse werden meistens zu wenig vermittelt, daher erscheinen Kontinuitäten, die sich nicht genau belegen lassen. Geschichtliche Veränderungen und Umbrüche kommen nicht deutlich genug heraus. In günstiger gelagerten Fällen wird versucht, die Distanz zwischen Vergangenheit und Gegenwart zu verringern, im ungünstigsten *romantisiert* die Heimatgeschichte kräftig und beschwört das Bild einer guten, alten Zeit, die es so nie gegeben hat.

Mythenbildung und Flucht in die Vergangenheit

In diesem Bestreben, Heimat über die Darstellung der Geschichte zu schaffen, betreibt die Heimatgeschichte oft Mythenbildung, deren

Folgen verhängnisvoll sein können[3]. So geschriebene Heimatgeschichte kann – wie im übrigen jede Beschäftigung mit Geschichte –
verschiedene *Funktionen* haben:
Sie kann zunächst Flucht aus einer wirren und unübersichtlichen
politischen Gegenwart in die Vergangenheit der Heimat, in die an-
gebliche Geborgenheit der klaren, einfachen Bezüge sein;
sie kann weiter eine politische und soziale Ordnung historisch *legiti-
mieren;*
sie kann sich aber auch in erheblichen *Gegensatz zur vorhandenen
territorialen und politischen Ordnung* stellen.
Im Bereich der Bundesrepublik läßt sich dieses *oppositionelle Regio-
nalbewußtsein* kaum wahrnehmen; wenn es solches gibt, steht es in
unmittelbarem Zusammenhang mit Problemen des Umweltschutzes
und der Kernenergie. Ausschließlich historisch legitimiertes Regio-
nalbewußtsein besaß hier nach 1945 nur geringe historische Durch-
schlagskraft; hat es doch nirgendwo bisher in der *Bundesrepublik*
eine geschichtlich begründete Veränderung der von den Besat-
zungsmächten geschaffenen Ländergrenzen gegeben. Wo das ge-
schah, nämlich im Südwesten, erneuerte man die alte Staatlichkeit
gerade nicht, sondern wagte einen, die alten Formen überwinden-
den, Neuanfang.
Obwohl, wie ausgeführt, spektakuläre politische Wirkungen von re-
gionalem Selbstverständnis und Selbstbewußtsein ausblieben, bestehen keine Zweifel daran, daß es solches in ausgeprägtem Maße
gibt, und zwar mit beachtlichen Wirkungen, vor allem in kulturell-
sprachlicher Hinsicht, aber ebenfalls sehr im Bereich der politischen
Kultur.
Solche Phänomene spiegeln die recht unterschiedliche historische
Entwicklung, die die deutschen Länder in der Vergangenheit genommen haben.

Landesgeschichte und Regionalgeschichte

Zur Ausbildung dieses Landes- und Regionalbewußtseins hat nicht
zuletzt auch die Geschichts*wissenschaft* und der Geschichts*unterricht,* besonders in der Form der Heimatkunde, beigetragen. Zumindest gehörten solche Verbundenheit mit Land und Heimat zu den
Zielen dieser wissenschaftlichen und unterrichtlichen Bemühungen.
Von den heute gebrauchten Begriffen „Landesgeschichte" und „Regionalgeschichte" kann der erste auf eine längere Tradition zurückblicken. Um das Staatsbewußtsein zu fördern, begünstigten Regie-
rungen und Verwaltungen der oft erst im frühen 19. Jahrhundert
entstandenen Länder die wissenschaftlichen Bemühungen um ihre
eigene Vergangenheit. Daß dabei die Geschichte der jeweiligen
Dynastie besonderes Gewicht besaß, muß nicht eigens betont
werden.

Nach dem Ersten Weltkrieg und dem Ende der Monarchie überwand die Landesgeschichte solche Verengungen und gewann inhaltlich und vor allem methodisch neue Dimensionen: Staatlich-politische Gebilde und Grenzen verloren an Interesse gegenüber der Erforschung von *Kulturprovinzen,* deren Vergangenheit fächerübergreifend mit Methoden der Geographie, der Sprachwissenschaft, der Vor- und Frühgeschichte, der Volkskunde und natürlich der Geschichte angegangen wurde. Man erweiterte also das im 19. Jahrhundert besonders in der Mediävistik entwickelte hermeneutisch-interpretatorische *Methodenspektrum* erheblich. Zumindest in der Programmatik löste man sich von dynastisch-politischen Substraten und hatte damit eigentlich eher Regionen als Länder im Auge, ohne deshalb von Regionalgeschichte zu sprechen[4]).

Weiter wurde die ältere Landesgeschichte auch dadurch ergänzt und erweitert, daß man diese methodisch neu konzipierten Forschungen *vergleichend* in verschiedenen Landschaften anwandte und auch auf diesem Wege zu neuen Ergebnissen gelangte. Den Mittelpunkt dieser neu konzipierten Forschungsrichtung bildete das 1920 gegründete *Seminar für geschichtliche Landeskunde* der Rheinlande an der Universität Bonn, der einzigen alten Universität im damals französisch besetzten Rheinland. Die politische Dimension des neuen Instituts wird daraus deutlich.

Der Begriff »Regionalgeschichte« wurde erst nach 1945 in die Diskussion eingeführt, und zwar in der DDR. Das hatte auch seinen guten Grund, weil man dort nicht mehr gern von Landesgeschichte reden wollte, nachdem es seit 1950/52 keine Länder mehr gab. In der bundesrepublikanischen Geschichtsschreibung setzte sich dieser Begriff nur zögernd durch. Erst in den letzten Jahren nahm er an Bedeutung zu, und zwar im Zusammenhang mit der Definition der *Geschichtswissenschaft als historischer Sozialwissenschaft* mit ihren Schwerpunkten *Demographie,* historische *Familienforschung, Bildungs-* und *Mentalitätsgeschichte*[5]), deren Fragestellungen in der Regel „einem übergeordneten Wissenschaftszusammenhang" entstammen und die vorformuliert sind, bevor man sich in die Region begibt, um die theoretisch oder bei der Erforschung anderer Modelle gewonnenen Theorien und Hypothesen zu erproben und zu modifizieren[6]).

Quantifizierung, rechnerische Auswertung bestimmter gleichartiger Quellen (zum Beispiel Kirchenbücher) kann ebenso als charakteristische Methode dieser Richtung der Geschichtswissenschaft gelten wie die Anwendung politikwissenschaftlicher und sozialwissenschaftlicher Begriffe und Theorien. Dadurch gelingt es, Entwicklungen und Trends von längerer und kürzerer Dauer zu zeigen, die den jeweiligen Zeitgenossen verborgen blieben und die deshalb auch kaum in der von ihnen produzierten Überlieferung willkürlicher und unwillkürlicher Art registriert wurden. Die Ergebnisse dieser Forschungen leiden allerdings häufig unter den Bedingungen ihrer Entstehung: meist müssen sie, ihrer abstrakten Ausdrucksweise wegen, erst in die Sprache des Publikums übersetzt werden. Dann allerdings finden sie oft großes öffentliches Interesse, weil sie in engem Bezug zu Problemen stehen, die die Menschen in der Gegenwart bewegen.

Heimatgeschichte hat ein „Gschmäckle"

Die Heimatgeschichte korrespondiert eher mit der Landesgeschichte. Ihr haftet aber in höherem Maße der Geruch des Provinziellen und des Partikularen, des Kirchturmhorizontes[7]), der Liebhaberei für pensionierte Lehrer und Richter an, die fernab der Wissenschaft am Schreibtisch oder in einem Heimatverein betrieben wird. Der Begriff hat dieselbe emotionale Aufladung erfahren, den auch der Begriff „Heimat" selbst erfahren hat, dessen Gemütsgehalt so zunahm, „daß selten eine Analyse versucht wurde bzw. es nur dem Dichter gegeben" ist, „darüber etwas auszusagen"[8]). *Hermann Glaser* und *Hermann Bausinger* weisen darauf hin, wieviel Kleinstadt-Ideologie und Stadt-Land-Gegensatz in dem steckt, was man mit „Heimat" und damit auch mit „Heimatgeschichte" bezeichnet[9]), die oft über romantisierendes Klein-Klein nicht hinauskam. Damit sollen die respektablen, wissenschaftlichen Leistungen der älteren Heimatforschung ebensowenig verkleinert werden wie das damit häufig verbundene unermüdliche Sammeln von Gegenständen, das den Grundstock vieler kleinerer Museen im Lande schuf. Bei den Konsumenten heimatgeschichtlicher Literatur sollte eine Verbundenheit mit dem betreffenden Dorf, der Stadt oder der Landschaft bewirkt werden.
Unter anderen Vorzeichen formuliert die *Gesellschaft für Heimatgeschichte der DDR* die politischen Ziele solcher Tätigkeiten völlig zutreffend: „Heimatgeschichtliche Kenntnisse und Erkenntnisse helfen, neue Einsichten in die historischen Gesetzmäßigkeiten zu gewinnen, die Liebe zur sozialistischen Heimat, die patriotische und internationalistische Verantwortung der Bürger zu vertiefen"[10]). Diese Verwendung von Heimatgeschichte muß zu kritischem Überdenken der Ziele eigenen landes-, regional- und heimatgeschichtlichen Arbeitens auffordern.

Das Fach „Heimatkunde" mit politischer Zielsetzung eingeführt

Diese stark emotionalen Inhalte von „Heimat" und „Heimatgeschichte" prägten auch das zugehörige Schulfach „Heimatkunde". Diese hatte ihren Ursprung in theoretischen Bemühungen, die um die Jahrhundertwende mit dem Ziel angestellt wurden, aus den schon lange in der Schule heimischen Realien einen fächerübergreifenden

Gesamtunterricht zu konstruieren, der dem von Gefühlen bestimmten Heimatbegriff entsprach.

Die große Zeit der Heimatkunde kam *nach dem Ersten Weltkrieg.* 1920 wurde die für alle Schüler *obligatorische Grundschule* eingeführt. Bis dahin gab es neben den Volksschulen die Elementarschulen als Vorbereitungsschulen für die „Gelehrten- und Realschulen", die inhaltlich und institutionell von den jeweils zugehörigen Höheren Schulen bestimmt wurden. Die zukünftigen Gymnasiasten und Realschüler (im damaligen Sinn) traten nach der 2. oder 3. Volksschulklasse in diese Elementarschulen über, besuchten also kaum die Volksschule; wohingegen die neugeschaffene Grundschule ausschließlich in der Verantwortung der Volksschule und ihrer Lehrer lag. Dieser schulorganisatorische Rahmen mußte ausgefüllt werden, und zwar besonders in den Bereichen, die nicht den elementaren Kulturtechniken wie Lesen, Schreiben und Rechnen einerseits und dem Religionsunterricht andererseits zugehörten.

Mit dem neuen Fach Heimatkunde konnte zudem ein allgemeinpolitisches Ziel verwirklicht werden: Der *verlorene Krieg* wurde als Herausforderung angesehen, sich *auf eigene kulturelle Werte zu besinnen,* und das sollte nicht nur in der wissenschaftlichen Landesgeschichte und geschichtlichen Landeskunde geschehen, sondern auch in Schule und Unterricht. Die inhaltlichen, auch standespolitisch bedeutsamen Chancen, die das neue Fach bot, und der Zwang für die Lehrer, Heimatkunde geben zu müssen, beförderten theoretische und praktische Bemühungen. Man verknüpfte die alte Tradition der Realien mit den emotionalen Komponenten des Heimatbegriffs und den tagespolitischen Forderungen nach Rückbesinnung auf eigene Werte.

Im Bereich der *Methodik* gewannen die Konzeptionen der *Arbeitsschule* an Bedeutung, wobei der hier verwendete Begriff von „Arbeit" eine recht unterschiedliche Ausprägung erfuhr: Unterrichtliche Arbeit wurde verstanden als Herstellen von Modellen, Bildern etc., aber auch als intellektueller und vor allem emotionaler Umgang mit Unterrichtsinhalten, die der unmittelbar erfahr- und erlebbaren Umgebung des Schülers entstammen mußten. Diese emotionale Verbindung des Menschen und vor allem des Schülers mit dem „Boden" betonte *Eduard Spranger* in seiner vielzitierten Rede über den Bildungswert der Heimatkunde sehr stark, wenn er davon sprach, daß die Heimat die „nahrungsspendende Flur", der „Gegenstand einer ästhetischen Freude" sei. „Ihre Erscheinungen reizen den Forschertrieb. Sie ist voll von Zeichen der Vergangenheit, die die Geschichte der früheren Menschen auf diesem Fleck Erde erzählen"[11]). *Spranger* sah die Beziehung zwischen Natur einerseits und menschlicher Kultur und Geschichte recht eng, organisch, organologisch. Heimatkunde schien ihm außerdem das bisher eindrucksvollste Beispiel „einer Überwindung der abstrakten Fächertrennung" – Heimatkunde also als Versuch eines fächerübergreifenden Unterrichts von der Umwelt der Schüler aus nach dem Grundsatz: Vom Nahen zum Fernen. Der damals ebenfalls propagierte deutschkundliche Unterricht versuchte Ähnliches.

Die Kritik an der Heimatkunde

Schon in der Zeit ihres Entstehens gab es Kritiker der Heimatkunde. 1926 warnte *Erich Weniger* unter Berufung auf *Herbart* davor, ausschließlich mit Hilfe von Inhalten, die dem Schüler tatsächlich oder auch nur scheinbar nahe seien, den späteren Geschichtsunterricht vorzubereiten[12]): Räumliche und zeitliche Ferne motivierten ebenso wie die Nähe. Größeres Gewicht hat *Wenigers* Befürchtung, daß der Volksschule die Heimatgeschichte, der Höheren Schule die Nationalgeschichte zugewiesen werde. Diese Vorstellung findet sich auch heute noch: Landesgeschichte, Ortsgeschichte, das gibt es in der Grundschule und allenfalls in der Hauptschule, aber nicht in Höheren Schulen.

Was *Weniger* grundsätzlich gegen Heimat- und Landesgeschichte in der Schule vorbringt, kann man heute nicht mehr akzeptieren. Er sieht richtig, daß „Heimatunterricht" (und damit auch Heimatgeschichte) „Analyse der objektiv gegebenen Zusammenhänge" sei, „in die der Mensch hinein geboren wird und in denen er lebt". Gemeint sind damit zum Beispiel *kirchlich-konfessionelle, territoriale, soziale* und *staatlich-politische Gegebenheiten,* die das kulturelle Bild einer Landschaft prägen und damit auch Lebensumstände und Bewußtsein der Menschen bestimmen. Für *Weniger* gibt es nur in zwei Fällen die Notwendigkeit einer besonderen Heimatgeschichte, nämlich erstens, wenn eine räumliche Gegenwart nur unter Zuhilfenahme übergreifender Zusammenhänge verstanden werden kann, und zweitens – unterrichtlich wichtiger –, wenn eine emotionale Hinwendung zu einem bestimmten Ort, zu einer Stadt, zu einer Landschaft oder zu einem Land erreicht werden soll. Die dazu notwendige Heimatgeschichte unterscheidet sich von der übrigen, allgemeinen Geschichte dadurch, daß sie „analytisch" vorgeht und deshalb „objektiv" und „unpersönlich" ist. *Weniger* definiert diese Adjektive nicht näher. Sie werden aber verständlich, wenn man hinzunimmt, was er unter Geschichte und „eigentlicher", das heißt richtiger, „historischer Kontinuität" versteht: Diese beruht seiner Meinung nach „auf dem Zusammenhang von Willensbeziehungen der Menschen und ihrer Äußerungen in Tat und Meinung in der jeweiligen Zeit"[13]). Die Heimatgeschichte sucht nur den „organischen Zusammenhang der gegenständlichen Kultur", die „Objektivationen des Geistes", nicht „die Vorgänge in den jeweiligen Subjekten oder die geistigen Bezüge, die vielleicht ohne Niederschlag im Raum geblieben sind".

Hier fielen *Weniger* zurecht die *methodologischen Unterschiede* zur „eigentlichen" Geschichtswissenschaft auf, die sich dem Historismus und der Ideen- und Geistesgeschichte verpflichtet wußte. Diese Probleme spielen in der Heimatgeschichte keine Rolle, sondern hier herrschen Fragestellungen und Methoden, die seiner Auffassung nach unwissenschaftlich sind, die aber genau denen entsprechen, die heute in der Regionalgeschichte angewandt werden. Der Heimatgeschichte bescheinigt er einen Hang zum Antiquarischen; sie befinde sich immer in Gefahr, eine Waffe in der Hand der Partikularisten, Föderalisten und Regionalisten zu sein, und das bedeute Protest gegen den Gang der preußisch-deutschen Geschichte und damit gegen das Reich. Die antiwelfische Grundhaltung seines hannoverschen Elternhauses tritt hier deutlich zutage[14]).

Weniger deutet hier ein *Dilemma* an, in dem sich der heimatgeschichtliche Unterricht befand: In ihm müssen Zustände und langfristige Entwicklungen gezeigt werden, dagegen besteht die „richtige" Geschichte aus Willensbeziehungen und Willensentscheidungen von Menschen. Weil man eben dies an Beispielen aus der Heimatgeschichte nicht zeigen konnte, hatte dies zur Folge, daß die Lehrer solche Menschen, die diesen Vorstellungen entsprachen, in ihren Erzählungen als fingierte Personen auftreten ließen[15]). Der Heimatkunde- und Geschichtsunterricht hätte sonst seine ethischen – man kann auch sagen emotionalen – Ziele nicht erreicht. Dieses Erzählen von Geschichten mit fingierten Personen brachte zu Recht den heimatkundlichen und heimatgeschichtlichen Unterricht in Verruf, und zwar deshalb, weil hier gegen ein Grundgebot der historischen Methode, nämlich die Bindung aller geschichtlicher Aussagen an die Überlieferung verstoßen wurde.

Eine Rückkehr zur alten emotionalen, agrarromantischen Heimatkunde verbietet sich

---

Wenigers Kritik betraf die methodologischen Ansätze der Heimatkunde und der Landesgeschichte; spätere kritische Stimmen setzten sich vor allem mit der Entwicklung auseinander, die das Schulfach in der Zeit der *Weimarer Republik* und im *Nationalsozialismus* nahm. Die Gefahr provinzialistischer Verengung hatte man schon in den zwanziger Jahren gesehen. Nach dem Zweiten Weltkrieg wurde deutlich, daß die Heimatkunde immer mehr *agrarromantische, industrie- und stadtfeindliche Züge* angenommen hatte. Die vor 1933 dazu vorhandenen Ansätze hatte der Nationalsozialismus verstärkt und pervertiert. Die Heimatkunde konnte sich vor und nach 1945 nicht von dem Verdacht befreien, daß mit Hilfe dieses Schulfaches, ja der Schule überhaupt, etwas konserviert, ja wiederhergestellt werden sollte, was es längst nicht mehr gab, ja eigentlich nie gegeben hatte, nämlich das romantisch-verklärte Dorf[16]).

Nach 1945 konnte solcher Unterricht nicht mehr im Interesse der Schüler sein, schon auch deshalb nicht, weil sich die politischen

Rahmenbedingungen völlig verändert hatten. Der Begriff der Nation hatte an Anziehungskraft verloren; und die lebhafte Diskussion um den Begriff „Heimat", „Recht auf Heimat" und „Recht auf die Heimat" fand kaum Eingang in die Schulen. Dieser Distanz zur nationalen Geschichte, ja zur Geschichte überhaupt, verbunden mit einem starken technologischen und sozialen Wandel, entsprach auch der Wechsel von der Heimatkunde zu einer stark naturwissenschaftlich-technisch ausgerichteten *Sachkunde*. Dieses neue Schulfach trägt rationalere Züge und steht daher gewiß auch in der Gefahr, Zweckrationalität zur Erziehung fungibler Staatsbürger[17] zum Unterrichtsprinzip zu erheben. Man muß allerdings bezweifeln, ob das nur für die „Schule im Kapitalismus" gilt und nicht auch für die Schule in allen Industriegesellschaften, ob kapitalistischer oder (zumindest) real-sozialistischer Prägung. Eine solche Einsicht schließt auch eine Rückkehr zur alten emotionalen, agrarromantischen Heimatkunde aus. Gerade an der Geschichte der Heimatkunde läßt sich zeigen, welche verhängnisvollen Folgen es haben kann, wenn der Schule gesellschaftspolitische Aufgaben gestellt werden, die sie nicht erfüllen kann – zum Beispiel in der Schule Agrarromantik zu lehren und „draußen" längst in der Industriegesellschaft zu leben.

Diese Entwicklung zur Sachkunde muß man im ganzen begrüßen, auch wenn dabei in den Lehrplänen die naturwissenschaftlichen, technischen und politikwissenschaftlichen Inhalte auf Kosten der historischen erheblich erweitert wurden. Dennoch gibt es für geschichtlich interessierte Lehrer viele Möglichkeiten, diese Seite der Sachkunde ausreichend zu berücksichtigen. Bedauerlich bleibt, daß in allen weiterführenden Schulen der Geschichtsunterricht sich nicht unmittelbar an die Sachkunde anschließt, daß also historische Fragestellungen nicht während der ganzen Schulzeit behandelt werden. Das gilt allerdings für die Naturwissenschaften in noch weit höherem Maße.

Geschichte muß befragt werden

Zunächst soll noch einmal darauf hingewiesen werden, was weiter oben schon anklang: Jede Art von Geschichte, ob Heimat-, Landesoder Regionalgeschichte muß sich bestimmten *theoretischen* Anforderungen stellen, soll es sich um eine sachgerechte Auseinandersetzung handeln. Geschichte begegnet uns nicht als bloße Tradition, die unbefragt und unbewußt das menschliche Handeln bestimmt, sondern als solche, die *kritisch*, das heißt *distanziert bedacht* und *angenommen oder verworfen* wird. Das geschieht unter anderem dadurch, daß *Traditionen als* in einer bestimmten Zeit und unter bestimmten Umständen *entstanden* definiert werden. Es muß also sorgfältig geprüft werden, welche davon man auf heute übertragen kann. In diesem Prozeß der Aneignung von Vergangenheit wird diese zunächst als vergangen angenommen, das heißt historische Ereignisse und Handlungen werden als bedeutungslos für unsere eigene Lebenspraxis angesehen. Eine Überprüfung dessen ergibt aber auch, daß diese nicht mehr wirksame Geschichte „neue Aufschlüsse über die zeitliche Dimension der menschlichen Lebenspraxis"[18]) bietet, soweit das eben die Überlieferung zuläßt. Die Geschichte hilft also dazu, die *Zeitgebundenheit des eigenen Handelns* zu erkennen. Dadurch ermöglicht sie eine kritische Auseinandersetzung mit einer sonst unbefragt und unverändert übernommenen Tradition. Eine solche Untersuchung des Überkommenen um des Nutzens für die eigene Lebenspraxis willen geschieht lebenslang. Sie wird sicher durch organisiertes Lehren und Lernen in der Schule beeinflußt, allerdings nur in Grenzen. Die soziale Herkunft und die berufliche Tätigkeit, das heißt die jeweilige Gegenwart, bekommen auf die Länge der Lebenszeit größere Bedeutung, ohne daß schulische Lernerfahrungen deshalb völlig verdrängt werden müßten.

Auch die Landes-, Regional- und Heimatgeschichte bilden ein Stück dieser Tradition, die einer kritischen Auseinandersetzung unterzogen werden muß, ehe sie Gegenwart werden kann. Es darf für diese Bereiche der Geschichte kein Abkoppeln von einer wie auch immer verstandenen „eigentlichen" Geschichte geben, wie das zum Beispiel *Weniger* annimmt, ja, man wird hier besonders darauf zu achten haben, daß diese kritische Prüfung stattfindet, gibt es hier doch besonders viel und auch durchaus erwünschte, unbefragt angenommene Tradition und emotionale Zuwendung. Unterbleibt diese Auseinandersetzung, so wird regionale und lokale Tradition unverändert übernommen, und der Umgang mit der Vergangenheit wird zur wirkungs- und bedeutungslosen Freizeitbeschäftigung, während der Geschichtsunterricht zur bloßen Indoktrination zu werden droht. Diese hier geforderte theoretische „Gleichwertigkeit" bezieht sich nur darauf, wie geschichtliche Inhalte in der Lebenspraxis und im Unterricht verwendet werden, nicht auf diese Inhalte selbst. Hier gibt es traditionelle Unterschiede, die politisch bestimmt und in Verordnungen und Lehrplänen festgeschrieben werden: Das Volk, die Nation, Europa, die Welt rangieren häufig vor dem Land oder der Region. Für einen rein inhaltsbezogenen Unterricht liegt diese Reihenfolge auch einigermaßen fest. Hier wird üblicherweise die Nation im Mittelpunkt stehen, der andere Themen in unterschiedlicher Ausführlichkeit zugeordnet werden.

Heimatgeschichte als Unterrichtsmethode

Berücksichtigt man die *Lernverfahren,* so verändern sich die Akzente. Schon die Arbeitsschule hatte ja versucht, vom reinen Lehrermonolog wegzukommen und das Spektrum der Lehr- und Lernformen zu erweitern. Diese Ansätze wurden in den letzten Jahren weiterentwickelt, und zwar weg vom rein *rezeptiven zum fragend-forschenden Lernen*[19]). *Heinz Dieter Schmid* hat im Anschluß an *Ausubel* und *Bruner* die verschiedenen Lernverfahren systematisiert. Zunächst beschreibt er die *rezeptiven Lernformen* des herkömmlichen, *episch-narrativen Unterrichts,* den auch die Heimatkunde bevorzugte, zu dem selbstverständlich auch Erzählungen und Texte sowie Bilder gehörten. Bei den Bildern handelte es sich meist um illustrierende Historienmalerei. Auf die andere Seite stellt *Heinz Dieter Schmid* das *entdeckende Lernen,* zunächst in gelenkter, aber auch in freier Form als Projekte oder als Unterricht, den Schüler selbst gestalten. Zwischen diesen beiden Extremen gibt es zahlreiche *Mischformen,* die während einer Unterrichtseinheit, ja einer einzelnen Schulstunde angewandt werden können. Erfahrung und Geschichte des Geschichtsunterrichts legen die Erkenntnis nahe, daß, je stärker episch-narrative Lehrformen den Unterricht bestimmen, um so mehr inhaltlich eine Geschichte im Vordergrund stehen wird, die sich an Volk und Nation, an Haupt- und Staatsaktionen, also an *Ereignissen* orientieren, die aber Landes-, Regional- und Heimatgeschichte nur wenig berücksichtigt. Diese werden allenfalls zum Appendix, zum Wahl- oder Zusatzthema oder zum bloßen Beispiel. Das hatte auch *Weniger* schon so gesehen, wenn er meint, daß „die Forderung nach Berücksichtigung der Heimat im Geschichtsunterricht methodisch die Ausnutzung der Anschauungs-, Erläuterungs- und Beispielsmöglichkeiten" bedeute[20]).

Je stärker sich der Geschichtsunterricht von der Ereignisgeschichte und den Haupt- und Staatsaktionen, ja sogar von der reinen Orientierung am Wissen abwendet und statt dessen *längerfristig* wirksame, überpersonale Strukturen, Entwicklungen und Lebensformen im Auge hat und je mehr er entdeckende Lernverfahren anwendet, um so mehr wird dafür Material aus der Umgebung der Schüler erforderlich sein. Je mehr diese selbständig innerhalb und vor allem außerhalb des Schulzimmers arbeiten, also Museen, Sammlungen und Archive besuchen oder Begehungen und Interviews machen, um so mehr werden sie auf die Landesgeschichte verwiesen sein. Der inhaltliche Ertrag solchen Tuns mag bescheidene Ausmaße haben, gemessen an dem, was professionelle Historiker tun oder was man bei einem inhaltsorientierten und informierend gehaltenen Unterricht in dieser Zeit hätte „durchnehmen" und abfragen können; aber der Gewinn an selbsterworbenen Einsichten, auch in die Vorläufigkeit und Unvollständigkeit historischer Ergebnisse dürfte ungleich größer sein. Auf diese Weise wird man zu einem Unterricht kommen, der anhand von landes-, regional- und heimatgeschichtlichem Material die soziale Interaktion als Vorform der Teilnahme am politischen Leben im weitesten Sinne im Auge hat, und zwar in der Mitwirkung und im Protest[21]). Daraus mag so etwas wie ein Heimatgefühl entstehen, wenn der Bürger eine Chance zur Mitgestaltung seiner politischen und kulturellen Umwelt hat. Solche Ansätze kann der Unterricht allerdings nur anbahnen – entwickeln müssen sie sich aus der jeweiligen Gegenwart heraus. Dieser enge Zusammenhang zwischen der Unterrichtsform des entdeckenden Lernens und landesgeschichtlichen Materialien läßt auch ein Problem geringer werden, das sich einer rein inhaltlichen Sicht schulischen Geschichtsunterrichts immer wieder gestellt hatte: Landes- und Heimatgeschichte seien „leichter" zu lernende Unterrichtsinhalte und deshalb der Hauptschule eher angemessen als dem Gymnasium. Eine solche Auffassung läßt sich wissenschaftstheoretisch nicht begründen, und unterrichtlich wird der Inhalt mit der Frage nach seiner methodischen Erschließung verwechselt, auch zudem mit dem Problem in Verbindung gebracht, welche Lernbereitschaft und welche Fähigkeiten der Schüler haben muß, um diese Inhalte anzugehen.

Anmerkungen

---

[1]) Vgl. R. S. Elkarr (Hrsg.) Europas unruhige Regionen (1981) S. 66ff., F. Graus, Lebendige Vergangenheit, Überlieferungen im Mittelalter und in den Vorstellungen vom Mittelalter, 1975.
[2]) Vgl. dazu: G. Schöck, Das Heimatbuch – Ortschronik und Integrationsmittel? Anmerkungen zum Geschichts- und Gesellschaftsbild in Heimatbüchern. In: Der Bürger im Staat, 24, 2/19/74, S. 149ff.
[3]) S. Elkarr, a.a.O., S. 73.
[4]) P. Fried (Hrsg.), Probleme und Methoden der Landesgeschichte (Wege der Forschung Bd. 492), 1972.
[5]) Vgl. R. Rürup, Historische Sozialwissenschaft, 1977.
[6]) E. Hinrichs/W. Norden, Regionalgeschichte, Probleme und Beispiele, 1980.
[7]) Fried, a.a.O., S. 7.
[8]) I. M. Greverus, Vom Heimatrecht zur Heimatbewegung. In: Heimat heute, Textsammlung zum gleichnamigen Zeitungskolleg, 1980, S. 13f.
[9]) Ebd.
[10]) Zitiert nach: P. Sonnet, Heimat und Sozialismus, Zur Regionalgeschichtsschreibung in der DDR, HZ 235, 1982, S. 123.
[11]) E. Spranger, Der Bildungswert der Heimatkunde (1923), zitiert nach: H. Fiege (Hrsg.), Die Heimatkunde (Quellen zur Unterrichtslehre Bd. 2²) 1964, S. 71ff.
[12]) E. Weniger, Heimat und Geschichte (1926), zitiert nach Fiege, a.a.O., S. 113–125.
[13]) Ebd. S. 19f.
[14]) Vgl. S. Quandt, Erich Weniger, In: Ders. (Hrsg.), Deutsche Geschichtsdidaktiker des 19. und 20. Jahrhunderts, 1978, S. 328.
[15]) Vgl. M. Jung, Die Geschichtserzählung in Geschichtsdidaktik und Geschichtsunterricht seit 1900 unter besonderer Berücksichtigung der Volksschule, in: S. Quandt/H. Süßmuth (Hrsg.), Historisches Erzählen, 1982, S. 104–128.
[16]) S. dazu Heimat heute, a.a.O.
[17]) G. Korff, Hinweise zur emanzipatorischen Heimatkunde, In: Heimat heute, a.a.O., S. 53f.
[18]) J. Rüsen, Historische Vernunft, 1983, S. 74.
[19]) H. D. Schmid, Fragen an die Geschichte, Lehrerband 2, 1979, S. 13ff.
[20]) Weniger, a.a.O., S. 125.
[21]) S. Korff, a.a.O., S. 25.

Albrecht Lehmann

Heimat Land oder auch Heimat Stadt?

Heimat und Lebensgeschichte

Großstadtkritik als Zivilisationskritik

Vor einigen Jahren erschien ein schmaler Band mit dem Titel „Die Stadt als Heimat"[1]). Der Autor wendet sich an Architekten und Stadtplaner, aber auch an die größere Öffentlichkeit. Bemerkenswert ist, daß ein Buchtitel wie dieser heute kaum Widerspruch aufkommen läßt. Vielmehr scheint es für die gegenwärtige Renaissance des Wortes „Heimat" und des „Heimatgefühls"[2]) eher kennzeichnend zu sein, daß der lang gehegten Vorstellung, allein Dörfer oder kleine Städte, keineswegs aber die Großstadt könne Heimat sein, der Boden entzogen ist. Die Entwicklung dieser für die deutsche Ideengeschichte charakteristischen Großstadtkritik möchte ich zunächst in großen Zügen skizzieren, ehe ich auf eigene Forschungsergebnisse zum Verhältnis von Stadtbewohnern zu ihrem Wohnort zu sprechen komme.

Seit der *Industrialisierung* in Deutschland hatte sich eine Kritik an der Großstadt und an der großstädtischen Lebensweise etabliert, die noch hundert Jahre später Einfluß auf die öffentliche Meinung und auf das Denken von Wissenschaftlern, Stadtplanern und Politikern hatte. Besonders akzentuiert wurde sie bereits in der Mitte des 19. Jahrhunderts von *Wilhelm Heinrich Riehl* vorgetragen[3]). Dieser seinerzeit einflußreiche konservative Sozialpolitiker, Kulturhistoriker und Soziograph war zugleich ein Ideologe von hohen Graden[4]). Verklärend schilderte er das *bäuerliche Leben*, in dessen Zentrum er den Familienverband sah. Er zeichnete hier ein *Idealbild von Seßhaftigkeit und Beharrlichkeit* und stellte diesem den stets rastlosen, in der Uniformität und Enge der städtischen Behausung und der großen Masse der Bevölkerungszusammenballung lebenden Großstädter gegenüber. Die Großstadtbevölkerung könne sich vor allem nicht aus sich selbst heraus regenerieren. Deshalb sei sie in ihrem Wachstum auf beständigen Zustrom aus ländlichen Gebieten angewiesen. *Entvölkerung des Landes* in quantitativer, aber auch in qualitativer Hinsicht; denn vor allem seien es gerade die „hochwertigen" Menschen, die in die Städte abwanderten. Hier vollziehe sich dann das Verhängnis,

wenn sie Opfer der „Vermassung" und „Entwurzelung" würden.
Wenn er von *Stadtbevölkerung* sprach, hatte *Riehl* auch das in dieser
Zeit gerade entstehende *Industrieproletariat* vor Augen. Das stellte
sich damals noch weit weniger als heute als eine fest umrissene
Gruppe mit unübersehbaren einheitlichen sozialen Merkmalen dar.
Eher war es eine *Mischbevölkerung* aus Handwerksburschen, stel-
lungslosen Dienstboten, proletarisierten Kleinbürgern und Bauern-
söhnen. Für den Zeitkritiker *Riehl* insgesamt eine familien- und
heimatlose, desorganisierte und desorientierte Masse. Die ersehnten
und schließlich auch erreichten Freiheiten des städtischen Lebens,
die Chance des freien Arbeitsvertrages, die Selbstverfügung über
das Dasein an Stelle paternalistischer Fürsorge und Bevormundung
wollte *Riehl* nur als Wurzellosigkeit sehen. Wie sich zeigt, ist Großstadtkritik hier bereits voll entwickelt. Ein Katalog von Anklagen, der
ein Jahrhundert lang zu ideologischen, bis hin zu demagogischen
Zwecken erfolgreich genutzt wurde. Jedenfalls konnte es mit seiner
Hilfe romantischen und konservativen Zivilisationskritikern immer
wieder gelingen, sich der Wahrnehmung der Realität zu entziehen.

Die Realität sah oft ganz anders aus

Denn selbst für die Bevölkerung der großen Städte am Beginn der
Industrialisierung ist dieses Verdikt nur teilweise zutreffend. Für die
Großstädte der letzten 60 bis 70 Jahre gilt es ganz gewiß nicht mehr.
Denn hier war, vielfach bereits ausgangs des 19. Jahrhunderts,
überall aber am Beginn des 20. Jahrhunderts, die Bevölkerung
seßhaft geworden. Besonders *Riehls* „Proletarier der materiellen
Arbeit" haben im Prozeß der Industrialisierung recht schnell Fuß
gefaßt; schneller und fester jedenfalls als beispielsweise die akade-
mischen Mittelschichten, seine „Proletarier der geistigen Arbeit"[5]).
Oft löste in den unteren dörflichen Bevölkerungsgruppen gerade die
Hoffnung, mit Hilfe des höheren Einkommens in der Stadt zur Gründung einer Familie zu kommen, den Entschluß zum Abwandern aus.
Auf Verhältnisse in Deutschland konnte *Riehls* Großstadtkritik aber
allein deshalb kaum zutreffen, weil es hier industrielle Großstädte in
der Mitte des 19. Jahrhunderts, als *Riehls* Frühschriften erschienen,
noch kaum gab[6]). Aber 1851 hatte er die Weltausstellung in *London*
besucht. Die Entwicklung dieser Riesenstadt könnte er vor Augen
gehabt haben. Sein Zeitgenosse *Friedrich Engels* jedenfalls hat aus
eigener gründlicher Beobachtung dieser Stadt London[7]) als Schrek-
kensbild beschrieben. Riehls *Kritik* war keine Zustandsbeschreibung
deutscher Verhältnisse, aber er gab aus Beobachtungen und Vermu-
tungen eine im wesentlichen richtige Prognose der Verhältnisse, die
hier etwa 30 Jahre später vielfach eintrafen. Die Stadt der Gründerzeit mutete ihren Einwohnern tatsächlich für etwa 30 Jahre vieles von
dem zu, was *Riehl* zuvor angeklagt hatte[8]).

Altherrenträume von der kleinen Universitätsstadt

Stadtkritik bei *Riehl* und seinen Nachfolgern war vor allem Ablehnung der *industriellen* Stadt, eine Form von Zivilisationskritik. Sie fand ihre Gegenbilder aber nicht allein in der *heilen Welt der Dörfer*. Daneben blieb immer auch Raum für *romantische Sehnsüchte nach der Stadt*. So gibt es zum Beispiel in der zweiten Hälfte des 19. Jahrhunderts einen reich entwickelten Liedbestand, der in diese Richtung weist. Dieser „Städtepreis"[9]) gilt teilweise den „freien Städten", zum Beispiel den Hansestädten („Stadt Hamburg an der Elbe Auen" – 1828 vertont von *Methfessel*), insbesondere aber „romantischen" Städten: Universitätsstädten wie Heidelberg, Marburg, Tübingen. Die *Lobeshymnen auf Universitätsstädte* dokumentieren besonders anschaulich, daß es sich bei dieser Apologie der Kleinstadt, ähnlich wie bei der Verherrlichung des Dorflebens, um Reaktionen auf die Industrialisierung handelt; Verklärungen der heilen Jugend- und Studentenzeit, „nostalgische Altherrenträume"[10]). Daß das Leben in einer kleinen Universitätsstadt wie Tübingen nicht allein, wie in diesen Liedern, aus Becherklang und rosa Studentenliebe bestand, läßt sich denken. Die Schilderung des „anderen Tübingens", der Unteren Stadt der Weinbauern, Gärtner, Handwerker und Arbeiter im 19. Jahrhundert durch eine Tübinger Arbeitsgruppe hat den Blick auf Arbeitsleben, Wohnverhältnisse, Nahrung und andere Daseinsbedingungen der unteren Bevölkerungsschichten gerichtet. Im Vergleich zur Realität des Studentenlebens – und erst recht zum wehmütigen Rückblick „alter Semester" – tatsächlich ein kärgliches Dasein[11]).

Kosmopolitismus und „Reserviertheit" des Großstädters

Bis in die fünfziger Jahre ist die Kritik an der Großstadt fortwährend wiederholt worden. Aus dem politischen Alltagsleben wissen wir, wie Ideologien sich durch beständige Repetition verfestigen, dabei nach und nach zur Tradition einer Kultur und für den einzelnen zur „unwiderlegbaren Tatsache" werden können. Aus den wenigen[12]), die sich ihr eigenes Bild machten, ragt der Philosoph und Soziologe *Georg Simmel* hervor. Schon 1903 hatte er unter dem Eindruck Berlins den *Kosmopolitismus* der großen Metropole über die Enge der Kleinstädte gestellt[13]). Freiheit und Vielfalt der Lebensformen der Großstadt schaffen sich ihren gemeinsamen Ausdruck: „Erst unsere Unverwechselbarkeit mit anderen erweist, daß unsere Existenzart uns nicht von anderen aufgezwungen ist"[14]). *Simmel* hatte in diesem Essay bereits angedeutet, wie eine auf die Lebenswirklichkeit des Großstädters bezogene kulturwissenschaftliche Persönlichkeitsforschung methodisch arbeiten kann. Nach gründlicher Beobachtung

beschrieb er das habitualisierte *Schutzverhalten*, welches der Großstädter mit der Zeit gegen die Fülle der Umweltreize entwickelt –
„Reserviertheit"[15]). Vor allem aber plädierte er für Nüchternheit bei
der Betrachtung des „historischen Gebildes" Großstadt und warnte
vor der „Attitüde des Richters"[16]).

Der Rückgriff des „Dritten Reiches" auf
die Zivilisationskritik

Seine Mahnung blieb in Deutschland lange ohne wesentliche Reso-
nanz. Zunächst sah ein Prophet mit mächtiger Breitenwirkung –
Oswald Spengler – das Ende der Zivilisation sich in der Großstadt
erfüllen, in der „Wurzellosigkeit" und im „Absterben des Kosmi-
schen"[17]). Als dann die Zivilisation tatsächlich für zwölf Jahre pau-
sierte, sollte das Heil neuerlich aus den Urkräften des platten Landes, aus der Familie und dem Bauerntum kommen. Zwar benutzte
das nationalsozialistische Regime für die Demonstration von Macht
durchaus die Großstädte. Man erinnere sich allein der monströsen
Pläne *Hitlers* und *Speers* zur Umgestaltung Berlins. Aber daß ihm
„der Bauernstand" Grundlage der Nation sein sollte, hatte *Hitler*
schon 1924 in „Mein Kampf" niedergelegt. Er hatte dabei wiederum
die Fama von der geringen Verbundenheit des Großstadtproletariats
mit seinem „zufälligen Wohnort" aufgegriffen; die alte beliebte Formel konservativer Zivilisationskritik. Noch 1946, als viele Großstädter
in Deutschland bereits damit begannen, ihre zerschlagenen Städte
wieder zu beziehen, andere selbst während der schlimmsten Bom-
bardements hier ausgeharrt hatten, sah *Kurt Stavenhagen* in der
Großstadt immer noch den „provisorischen Aufenthaltsort", der nicht
Heimat werden könne[18]).

Mitscherlichs Plädoyer für die Stadt als Heimat

Obgleich es immer wieder einzelne nüchterne Betrachter der Großstadt auch während der nationalsozialistischen Herrschaft gegeben
hat[19]), konnte eine grundlegende Wende zur unpolemischen Sicht-
weise der Großstadt erst eintreten, nachdem die deutsche Wissenschaft und Öffentlichkeit aus der Isolierung durch Naziherrschaft und
Krieg herausgefunden hatten. Unter den deutschen Sozialwissen-
schaftlern sind hier vor allem *Elisabeth Pfeil*[20]) und *Hans Paul
Bahrdt*[21]) zu nennen; letzterer nicht allein wegen seiner Theorie der
Großstadt, sondern gerade wegen seiner praktischen Vorschläge für
eine menschengerechte Umwelt an Stadtplaner, Architekten und
Politiker. Dann erschien 1965 „Die Unwirtlichkeit unserer Städte" von
Alexander Mitscherlich[22]). Seine „Anstiftung zum Unfrieden" – so der

Untertitel – war durchaus wiederum ein Stück Großstadtkritik. Freilich diesmal aus einer anderen Position als der einer wehmütigen Reminiszenz an verlorene Kleinstadt- oder Dorfidylle. *Mitscherlich* klagte politische Fehlentwicklungen an, wies auf die „Eigentumsdiktatur" einer verfehlten Bodenpolitik hin, und er zeigte kleinbürgerliche kulturelle Fehlentwicklungen auf, die teils Ergebnis dieser Bodenpolitik, teils Folge vielschichtiger kultureller Vorgänge sind: die organisierte Gemütlichkeit des sozialen Wohnungsbaus, der Terror „leblos geputzter Zimmer", der „exakte Nackenschlag", der die Kissen auf der Sitzbank trifft[23]). Über seinem Pamphlet stand die Forderung, Stadt müsse endlich Heimat werden; sie könne Heimat sein, wenn sie unter Beibehaltung urbaner Traditionen von Freiheit und Toleranz die persönlichen Beziehungen zwischen den Einwohnern fördere. Die „gestaltete Stadt" kann Heimat werden, die bloß agglomerierte nicht[24]).

Seit den sechziger Jahren gibt es in Wissenschaft und öffentlicher Meinung hierzulande keine ernstzunehmende allgemeine Kritik der Großstadt mehr, wohl aber Kritik an Details gegenwärtiger Stadtkultur und Stadtplanung. Auch Versuche alternativer Lebensführung, die teilweise aus der Großstadt aufs Dorf zu *Landkommune* und alternativem Ackerbau führen, lassen sich kaum als prinzipielle Ablehnung der Großstadt durch die „Alternativbewegung" deuten, denn sie sind nur ein Teil dieser insgesamt sehr vielschichtigen Reformbewegung. Daneben findet sich ja überall in den Städten eine breitgefächerte *Alternativkultur* mit „Stadtteilarbeit" und Stadtteilfesten, mit Bürgerinitiativen zur Gestaltung der städtischen Umwelt. Manche Pläne führten schon fast (falls sie einmal realisiert wären) zu einer gewissen „Verdorfung" der Städte – etwa naiv-romantische Vorstellungen von „Nachbarschaftshilfe"[25]).

Als *Mitscherlich* 1965 ausdrücklich forderte, die Stadt müsse endlich zur „Heimat" für die Einwohner werden, bediente er sich eines Wortes, das seinerzeit im reflektierten öffentlichen Sprachgebrauch wenig Ansehen besaß. Man kann das etwa an der Reformdiskussion über das Schulwesen beobachten, wie sie sich nach vierjähriger Arbeit des *Deutschen Bildungsrats* 1970 darbot. Wenn dort von Verwissenschaftlichung des Grundschulunterrichts die Rede war, standen dahinter Reformvorstellungen, die sich teilweise gegen das alte Fach Heimatkunde richteten. Aber daß der Unterrichtsstoff nach Möglichkeit an die Erfahrung der Grundschulkinder anknüpfen solle, blieb dennoch zugleich eine durchgehende Forderung in diesem Entwurf[26]). Im gleichen Jahr wie *Mitscherlichs* „Unwirtlichkeit" erschien eine „soziologische Untersuchung zum Heimatproblem"[27]). Doch bereits in der Überschrift wurde aus dem eingebürgerten Wort „Heimat" – in die synthetische Sprache der Soziologen übersetzt – „symbolische Ortsbezogenheit". Erst in den letzten Jahren hat das Wort „Heimat" neuerlich Konjunktur. Davon ist in diesem Heft an anderer Stelle ausführlicher die Rede. „Heimat" ist offenbar einer jener Ausdrücke, die immer wieder aufs neue verjüngt wiederkehren, nachdem sie eine Zeitlang ungebräuchlich waren. Vor 200 Jahren bemerkte *Karl Philipp Moritz* in seinen „Vorlesungen über den Stil" zu seiner Freude, daß „Heimat" gerade wieder in die poetische Sprache seiner Zeit Eingang fand[28]). Er begrüßte die Wiederkehr eines „schönen veralteten Ausdrucks", voll von „dunkeln Begriffen und Empfindungen", eine „Zierde und Schönheit unserer Sprache". In seiner Abhängigkeit von kulturellen Konjunkturen hat der Heimatbegriff vieles mit dem Volksbegriff gemeinsam, der augenblicklich ebenfalls seine Renaissance erlebt. Für Konjunkturepochen des Volksbegriffs hat *Richard Weiß* 1945 die wissenschaftliche Volkskunde vor der Versuchung gewarnt, den Forschungsgegenstand „Volk" mehr zu *ver*klären als zu *er*klären[29]). Mir scheint, auch eine neue Heimatkunde wird man davor warnen müssen, neuerlich der *Gefahr der Mystifizierung* zu erliegen.

Stadtgeschichte ist immer auch Lebensgeschichte ihrer Bewohner

Für den Sprachgebrauch innerhalb einer empirischen Wissenschaft ist die Frage nach der gewählten Bezeichnung indessen sekundär. Was Heimat wirklich ist, läßt sich mit Mitteln der empirischen Wissenschaft niemals beweisen. So bleibt vor allem die Frage, welche *Erlebniskonstellationen* und *Erfahrungen* in den unterschiedlichen Gruppen der Bevölkerung jene bleibenden Eindrücke und Bindungen an Menschen und Dinge hervorrufen. Denn daß es hier um Wünsche, Erfahrungen und Bindungen geht, auf die sehr viele Menschen beharrlich hoffen, an die sie auch dann glauben, wenn sie uns ihre Gefühle zeitweilig in unpretentiöser Weise (unter Verzicht auf das Wort „Heimat") mitteilen, ist sicher.

Ein Ort, etwa eine bestimmte Stadt, wird für einen Menschen zur Heimat. Das ist ein Prozeß. Geschichte der Stadt und die vielen Lebensgeschichten ihrer Bewohner sind untrennbar verflochten. – Stadtgeschichte ist immer auch Lebensgeschichte ihrer Bewohner. Das zeigte sich in einer *Hamburger Untersuchung* sehr anschaulich[30]. Eine Anzahl von 86 Hamburger Männern, überwiegend Arbeiter im Lebensalter um die 60 Jahre, wurde aufgefordert, einer Gruppe von Volkskundlern ihr „gesamtes Leben" mündlich (Tonband) zu erzählen. Im Vordergrund stand die Frage nach der Qualität jener Lebenserfahrungen, die für den einzelnen erzählenswert sind. – Es ging um die subjektive Gliederung und Ordnung der erzählten Lebensgeschichte. Diese Fragestellung machte es notwendig, den Gesprächspartnern zuzugestehen, die Erzählung von ihrem Leben selbständig zu gestalten. Es wurde also kein Fragebogen benutzt; statt dessen konnten unsere Gesprächspartner die Erlebnisse und Erfahrungen, die sie von sich aus für erzählenswert und für bedeutsam für ihren Lebenslauf hielten, zu Leitlinien ihres lebensgeschichtlichen Erzählens werden lassen.

Die Urlaubsheimat als Kontrast und Ergänzung

Nur etwa zehn bis zwölf dieser Personen hatten teilweise *Vorbehalte* gegen die Stadt. Um überhaupt gezielte Einwände gegen eine Lebensform vorbringen zu können, sind *Vergleichsmaßstäbe* notwendig. Solche Kontraste ergaben sich vielfach im *Urlaub*, oder es gab lange zurückreichende Lebenserfahrungen mit anderen Wohnorten. Wenn Einwände gegen Hamburg zu hören waren, so betrafen sie vornehmlich die *Naturferne* des städtischen Lebens, *Lärm* und *Umweltverschmutzung*, teilweise aber auch die *Unüberschaubarkeit* und *Anonymität* der zwischenmenschlichen Kontakte. Deshalb zog es einzelne seit vielen Jahren an den selben kleinen Ferienort, in dem sie Familienanschluß und ein Stück Dorfleben mit Kneipenabend und Spaziergang am Dorfbach suchten, gewissermaßen die *Urlaubsheimat als zweiten Wohnsitz*. Das gleiche Bedürfnis führte einzelne, wie überall in den Großstädten, am Wochenende in die *Kleingartenkolonie* oder zum *stationären Wohnwagen* in die weitere Umgebung Hamburgs. Aber nur zwei oder drei hatten vor, in ein paar Jahren als Rentner das großstädtische Leben gegen ein dauerhaftes Landleben einzutauschen, aus ihrer zweiten einmal die erste Heimat zu machen. Aber auch die wenigen *halbherzigen Großstädter* kamen wie alle Gewährspersonen auf ihre Bindungen an die Stadt zu sprechen; unabhängig davon, ob sie hier geboren oder erst später zugezogen waren.

Die Bindung an die Straßen der Nachbarschaft

Von allen Befragten war über die Hälfte in Hamburg zur Welt gekommen. Sie kamen fast ausnahmslos selbst aus *Arbeiterfamilien* und waren in den zwanziger Jahren – meist in Hamburger Arbeitervierteln – Kinder gewesen. Für Jungen dieser Herkunft gilt bis heute, daß sie auf der Straße nicht weniger lernen als in Schule und Familie[31]). Eine Bindung an die Straßen der Nachbarschaft und an den Ortsteil schafft zugleich Bindungen an die Stadt. Bürgerliche Pädagogen haben die Lebensbedingungen der „Straßenjungen" und die Art der dort verbreiteten „Lerninhalte" immer wieder heftig angeprangert. Eine solche Kritik war vermutlich eine der pädagogischen Erscheinungsweisen restaurativer Großstadtkritik. Offenbar sehen viele Pädagogen bis heute die Kinder am liebsten in ordentlichen Einfriedungen pädagogischer Institutionen. Unsere Gewährsleute müssen das seinerzeit zu spüren bekommen haben; denn wenn sie von

Straßenspielen und *Straßenfreundschaften* erzählten, dann stellte sich dieses Leben meist als Flucht vor Schulaufgaben, Schule und Eltern dar. Zu diesen Straßengeschichten gehörten regelmäßig „gefährliche" Abenteuer, etwa Bootsfahrten auf der Elbe oder „Streiche". So aufregend und beängstigend einige Erlebnisse damals gewesen sein mögen, die Jahre hatten sie unterdes verklärt. Dasselbe gilt teilweise sogar für die politischen Straßenkämpfe der letzten Weimarer Jahre. Selbst diese hatten in den Erzählungen vieles von ihrem Schrecken verloren.

Ein Zusammenspiel von vertrauten Menschen und Orten, Erfahrungen und Erlebnissen.

Hier geht es um die Bedeutung von Erinnerungen für das Heimatbewußtsein. Dabei ist die Wirkungsweise des Gedächtnisses von Belang[32]). Lebensgeschichtlich bedeutsame Ereignisse verbinden sich – wenn sie dem Gedächtnis präsent sind – in der Erinnerung stets mit den Orten, an denen sie sich zugetragen haben. Konkret: wenn die Erinnerung ein zurückliegendes Ereignis rekapituliert, versetzt sich der einzelne in Gedanken wieder an den Ort der zurückliegenden Ereignisse. – Daß das nicht bei jedem von uns und auch bei erinnerungsstarken Personen nicht jedesmal mit der „optischen Genauigkeit" einer Wahrnehmung geschieht, versteht sich. Was sich dabei in der Erinnerung wiederholt, ist ein Zusammenspiel aus vertrauten Menschen und Orten, Erfahrungen und Erlebnissen – ein Zusammenhang des Bewußtseins, der auf eine bestimmte Stadt gerichtet ist und zweifellos zu emotionalen Bindungen an diese Stadt führen kann (freilich auch zur Abneigung, wenn die Situationen allzu unerfreulich waren). Dabei zwischen räumlichen und sozialen Gegebenheiten zu unterscheiden, ist müßig, denn soziales Handeln ereignet sich stets im Raum. Auch ist es nicht zwingend erforderlich, daß derartige Erinnerungen bis in die Kindheit zurückreichen. *Erfahrungen des Erwachsenenlebens* können ebenfalls zur Bindung an eine bestimmte Stadt führen. Die Beheimatung der *Flüchtlinge* nach dem Zweiten Weltkrieg hat das wiederum gezeigt.

Wie wichtig bleibende Markierungspunkte sind

Das Verhältnis der Stadt zu den Menschen und ihren Erlebnissen ist wiederholt in der Literatur beschrieben worden; etwa von *Fontane*[33]), der in seinen Erinnerungen ans junge Erwachsenenleben die Betrachtungen eines Freundes auf einem Stadtbummel wiedergibt:
„Er blieb hier stehen, sah sich mit sichtlichem Behagen den prächtigen sonnenbeschienenen Platz an und sagte dann mit der ihm

eigenen Bonhomie: ‚Sonderbar, es sieht hier noch geradeso aus wie vor fünfzig Jahren . . .'. Seitdem ist wieder ein Halbjahrhundert vergangen, und wenn die Stelle kommt, wo mein guter Papa in jenen Tagen diese großen Worte gelassen aussprach, so kann ich mich nicht erwehren, sie meinerseits zu wiederholen, und sage dann ganz wie er damals: ‚Es sieht noch geradeso aus wie vor fünfzig Jahren'."
Die Stadt, das Bleibende, der Mensch, dem ständigen Wandel unterworfen, erfährt durch sie inneren Halt.

Die Verhältnisse in der Industrialisierungsepoche und ganz besonders seit dem Zweiten Weltkrieg haben dieses traditionelle Verhältnis Mensch-Stadt vielfach umgekehrt. Man kann zugespitzt formulieren: In diesen Perioden der Zerstörung, des Wiederaufbaus und schließlich der „Sanierung" haben sich die Städte schneller verändert als die in ihnen lebenden Menschen. Wenn es so ist, wie der Soziologe *Maurice Halbwachs*[34]) schrieb, daß die Mehrzahl der Menschen das Verschwinden einer bestimmten Straße oder eines bestimmten Gebäudes stärker empfindet als schwerwiegende nationale, politische und religiöse Ereignisse, dann bekommt man ein Gespür für die Orientierungsleistungen, die den Menschen in den letzten hundert Jahren abverlangt worden sind und noch immer werden.

Mitscherlich hatte Architekten und Stadtplaner daran erinnert[35]), daß „Markierungen der Identität eines Ortes" notwendig sind, damit die Stadt zur Heimat werden kann. Solche Wahrzeichen, symbolisch überhöhte kulturelle Vorstellungen – Bilder einer Stadt, besitzt Hamburg in reichem Maße: den Michel, die neue Köhlbrandbrücke, natürlich Alster und Reeperbahn (letztere für Hamburger fast allein noch ein Thema für Urlaubsbekanntschaften), aber ganz allgemein auch die großzügige Anlage der Straßen. Und nicht zuletzt zählt auch der spezifische *Geruch* Hamburgs, diese Mischung aus Wasser und Öl und dazu der Klang der Schiffssirenen zu den unverwechselbaren Besonderheiten des Ortes. Diese Merkmale Hamburgs hatten in den Lebensgeschichten einen bedeutenden Stellenwert.

Auch prominente Persönlichkeiten verhelfen dazu, stolz auf die eigene Stadt zu sein

---

Dazu kamen aber noch weitere Hamburger Spezifika, die vielfach eher durch die Medien vermittelt waren als durch eigene Erfahrungen; zum Beispiel das *Ohnsorg-Theater,* der HSV. Also: nicht allein prominente Gebäude können Ortssymbole sein, auch Menschengruppen und sogar Einzelpersonen[36]) können dazu werden; etwa prominente Fernseh- und Kinohelden, Politiker und Sportler. Immer wieder war in den Lebensgeschichten davon die Rede, wie bestimmte Berühmtheiten nach Meinung unserer Hamburger Erzähler das Fluidum dieser Stadt in komprimierter Weise auszudrücken verstehen. Dazu zählte beispielsweise immer wieder *Hans Albers*, daneben aber auch Politikerprominenz, insbesondere der damalige Bundeskanzler *Helmut Schmidt*. Daß beide in ihrem äußeren Erscheinungsbild Wert auf ihr Hamburgertum legten (und legen), gehört sicherlich dazu. Es ist eine der überraschenden Erfahrungen dieser Untersuchung gewesen, daß über die Hälfte unserer Informanten davon sprachen, einmal im Leben persönliche Kontakte zu einem prominenten Zeitgenossen oder einer prominenten Zeitgenossin gehabt zu haben. Sicherlich verhelfen solche Erfahrungen und vor allem die daraus entstehenden eindrucksvollen Geschichten dazu, die eigene großstädtische Anonymität ein wenig zu mildern.

Die erwähnten Ortssymbole hat jeder Hamburger beständig vor Augen, ob er nun aus dem Fenster oder in das Fernsehgerät schaut. Sie verhelfen offenbar vielen Bewohnern dazu, stolz auf ihre Stadt zu sein. In diesem Falle ist aber sicherlich Vorsicht geboten bei der Übertragung eines Hamburger Ergebnisses auf Verhältnisse in anderen großen Städten. Gewiß verfügt jede Stadt über markante Besonderheiten, die zu Ortssymbolen werden können. Aber die Fülle dieser Orientierungsmerkmale und speziell Hamburgs Präsenz in den Massenmedien ist wohl doch nicht ohne weiteres zu übertragen.

Seßhaftigkeit und „Betriebstreue" der Arbeiter

Zu Bindungen an die Stadt trägt ebenfalls die Arbeitsstelle bei. Das gilt für Verhältnisse, wie wir sie seit dem Ausgang des 19. Jahrhunderts in Deutschland vorfinden, ganz besonders. Denn städtisches Nomadentum war nur für eine relativ kurze Phase des Übergangs im Industrialisierungsprozeß ein kollektives Schicksal. Die Masse der arbeitenden Bevölkerung wurde bald in den Städten seßhaft. Das gilt wie bereits erwähnt insbesondere für *Industriearbeiter*. In anderen Ländern, vor allem in den USA, ist die Entwicklung anders verlaufen. Dort zählt, aus Gründen, auf die ich hier nicht näher einzugehen brauche, der Wechsel der Erwerbstätigkeiten und häufiger Wechsel des Wohnortes bis heute zu den normalen Erfahrungen des Lebenslaufes in allen sozialen Schichten. „Betriebstreue", wie wir sie unter deutschen und noch mehr unter japanischen Arbeitern finden, ist dort eher die Ausnahme.

Aber auch bei uns ist die „Treue" zum Betrieb *keine reine Gefühlsangelegenheit*. Das berufliche Ausbildungssystem, die Spezialisierung der Arbeitsfunktionen trägt dazu bei. Schließlich führt auch die frühzeitige Chancenlosigkeit der Arbeiter auf dem Arbeitsmarkt – selbst in Zeiten guter konjunktureller Gesamtlage – zur Bindung an den Arbeitsplatz. Jeder Arbeiter und untere Angestellte weiß, daß er – als „älterer Arbeitnehmer" – schon nach seinem 45. Lebensjahr erhebliche Schwierigkeiten hat, einen neuen Arbeitsplatz zu finden. Und da es nach dieser Altersgrenze auch kaum mehr realistische Chancen zum innerbetrieblichen Aufstieg gibt, tut er gut daran, schon vor diesem Schwellenalter in einem Betrieb zu bleiben und nach Möglichkeiten seine Position bis dahin auszubauen. Zu diesen Gründen, „standorttreu" zu bleiben, kommen *Traditionen,* die noch in die vorindustrielle Zeit des zünftigen Handwerks und des bäuerlichen und unterbäuerlichen Lebens zurückreichen. Diese trugen im Industrialisierungsprozeß zum schnellen Seßhaftwerden der Arbeiter bei und wirken als kulturelle Vorstellungen auch heute noch.

Daß die deutschen Arbeiter gegenwärtig wenig Neigung haben, falls sie arbeitslos werden, den Wohnort zu wechseln und in Regionen zu ziehen, in denen es gerade Arbeit für sie gibt, beruht also teils auf traditionellem Verhalten, teils auf praktischen *Lebenserfahrungen.* Wenn gegenwärtig unter dem Eindruck der allgemeinen Massenarbeitslosigkeit die geringe Neigung der Arbeiterschaft zur Mobilität von Politikern beklagt wird, sollten diese sich einmal daran erinnern, daß sie besonders nach dem Zweiten Weltkrieg ihre eigene Politik an eben diesen kulturellen Bildern orientiert haben, zum Beispiel durch die Förderung des *Eigenheimbaus.*

Jedenfalls steht die Treue zum Betrieb in einem Wechselverhältnis zur Treue zum Wohnort. Kaum einer unserer Hamburger Arbeiter hatte zur Zeit der Erhebung seine Arbeitsstelle kürzer als zehn Jahre inne, die meisten sogar 20 Jahre und noch länger. Über diese Zeit hin hatte die Mehrzahl von ihnen in der gleichen Mietwohnung gelebt. Mittlerweile waren die Kinder aus dem Hause. Aber oft hatten sie sich mit ihrer Familie im gleichen Wohnviertel angesiedelt[37]). Durch die Dauerhaftigkeit des Wohnens war eine Fülle persönlicher Beziehungen in der Wohngegend entstanden. Das gleiche läßt sich von der Arbeitsstätte sagen. Auch hier hatte die Dauer des Arbeitsverhältnisses zur Bindung an den Betrieb und zu persönlichen Bindungen zu Arbeitskollegen geführt. Für das Leben von industriell tätigen Männern – sicherlich auch für berufstätige Frauen – gilt, daß die Wohnumwelt und auch die Familie an Wert als Lebensraum einbüßen. Denn den größten Teil des Tages ist der Arbeitende aus Familie und Nachbarschaft herausgenommen.

In Einzelfällen, etwa bei weltberühmten Werften (zum Beispiel *Blohm & Voß*), handelt es sich bei den Betrieben unserer Gewährspersonen um Firmen, die überall mit Hamburg und seinem Hafen identifiziert werden und mittlerweile selbst zu Wahrzeichen Hamburgs geworden sind. Es kommt dann über die Bindung an einen bestimmten Betrieb zugleich zu einer emotionalen Bindung an die Stadt. Das stellte sich besonders eindrucksvoll dar, wenn einzelne im Gespräch immer wieder stolz darauf hinwiesen, schon sehr lange in einem traditionsreichen Hamburger Betrieb beschäftigt zu sein oder, was noch höher im Kurs stand, dort bereits die Lehre absolviert zu haben oder gar schon in zweiter oder dritter Generation der Firma anzugehören. Welche Identifikationsprobleme auftreten können, falls auch solche Traditionsbetriebe wirtschaftlich in Schwierigkeiten geraten, eingelebte Arbeitskräfte entlassen müssen, läßt sich denken.– „Wir haben dem Betrieb die Treue gehalten; er uns nicht!" – So zeigt sich wiederum, daß emotionale Bindungen, zum Beispiel auch das Heimatgefühl, stets zwiespältig sind.

Anmerkungen

[1]) Otti Gmür: Die Stadt als Heimat. Die Stadt in der wir leben möchten. Niederteufen 1977.

[2]) Wilfried von Bredow und Hans-Friedrich Foltin: Zwiespältige Zufluchten. Zur Renaissance des Heimatgefühls. Berlin/Bonn 1981.

[3]) Wilhelm Heinrich Riehl: Die Naturgeschichte des Volkes. Band 1: Land und Leute. Stuttgart und Tübingen 1854. Band 2: Die bürgerliche Gesellschaft. Stuttgart 1851, zitiert nach der 1976 von Peter Steinbach bei Ullstein herausgegebenen Ausgabe.

[4]) Zur gegenwärtigen Riehl-Rezeption vgl.: Hans Moser: Wilhelm Heinrich Riehl und die Volkskunde. In: Jahrbuch für Volkskunde NF 1/1978, S. 9–66.

[5]) Zu diesen Begriffen vgl.: Riehl: Die bürgerliche Gesellschaft, a. a. O., S. 227–259.

[6]) Hans Paul Bahrdt: Die moderne Großstadt. Reinbek 1969, S. 38–39.

[7]) Friedrich Engels: Die Lage der arbeitenden Klassen in England. Berlin 1962, S. 257. Fundamentale Großstadtkritik, wie sie von Engels betrieben wird, wird gegenwärtig wiederum von marxistischer Seite von Kuczynski vertreten. Vgl. Jürgen Kuczynski: Geschichte des Alltags des deutschen Volkes, Bd. 4: 1871–1918. Köln 1982, S. 173 bis 227.

[8]) Dazu: Lutz Niethammer und Franz J. Brüggemeier: Wie wohnten Arbeiter im Kaiserreich? In: Archiv für Sozialgeschichte 16/1976, S. 61–134.

[9]) Ina-Maria Greverus: Der territoriale Mensch. Frankfurt/M. 1972, S. 321–328.

[10]) Ebd. S. 324.

[11]) Martin Scharfe u. a.: Das andere Tübingen. Kultur und Lebensweise der Unteren Stadt im 19. Jahrhundert. Tübingen 1978.

[12]) Einen Abriß über die Geschichte der Großstadtforschung gibt Pfeil. Vgl. Elisabeth Pfeil: Großstadtforschung. 2. Aufl., Hannover 1972, S. 57–112.

[13]) Georg Simmel: Die Großstädte und das Geistesleben. In: ders.: Brücke und Tür. Essays hrsg. von Michael Landmann, Stuttgart 1957, S. 227–242.

[14]) Ebd. S. 238.

[15]) Ebd. S. 233.

[16]) Ebd. S. 242.

[17]) Oswald Spengler: Der Untergang des Abendlandes. München (dtv) 1972, S. 684. (erstmals 1918–1922).

[18]) Kurt Stavenhagen: Heimat als Lebenssinn, 2. Aufl., Göttingen 1948 (abgeschlossen 1946).

[19]) Hierzu: Elisabeth Pfeil, a. a. O., S. 72–75.

[20]) Ebd.

[21]) Wie Anmerkung 6.

[22]) Alexander Mitscherlich: Die Unwirtlichkeit unserer Städte. Anstiftung zum Unfrieden. 4. Aufl., Frankfurt/M. 1967.

[23]) Ebd. S. 129.

[24]) Ebd. S. 15.

[25]) Ein Beispiel dafür ist: David Morris und Karl Hess: Nachbarschaftshilfe. Für eine solidarische Gestaltung des Alltags, Frankfurt/M. 1980.

[26]) Deutscher Bildungsrat: Strukturplan für das Bildungswesen, Stuttgart 1970, S. 135.

[27]) Heiner Treinen: Symbolische Ortsbezogenheit. Eine soziologische Untersuchung zum Heimatphänomen. In: Kölner Zeitschrift für Soziologie und Sozialpsychologie 17/1965, Heft 1: S. 73–97, Heft 2: S. 254–297.

[28]) Karl Philipp Moritz: Werke hrsg. v. Horst Günther, Bd. 3, Frankfurt 1981, S. 674.

[29]) Richard Weiß: Volkskunde der Schweiz, 2. Aufl., Erlenbach-Zürich 1978, S. VIII.

[30]) Albrecht Lehmann: Erzählstruktur und Lebenslauf. Autobiographische Untersuchungen. Frankfurt/M./New York 1983.

[31]) Dazu: Jürgen Zinnecker: Straßensozialisation. In: Zeitschrift für Pädagogik 5/1979, S. 727–746.

[32]) Vgl. hierzu: Alfred Schütz und Thomas Luckmann: Strukturen der Lebenswelt. Neuwied und Darmstadt 1975.

[33]) Theodor Fontane: Von Zwanzig bis Dreißig, München (dtv) 1973, S. 353.

[34]) Maurice Halbwachs: Das kollektive Gedächtnis. Stuttgart 1967, S. 131.

[35]) Mitscherlich, a. a. O., S. 15.

[36]) Albrecht Lehmann: Prominente Zeitgenossen. Ein Identifikationsangebot für Großstädter. In: Konrad Köstlin und Hermann Bausinger (Hrsg.): Heimat und Identität (22. Deutscher Volkskundekongreß 1979), Neumünster 1980, S. 53–63.

[37]) Elisabeth Pfeil stellte für Hamburg fest, daß hier 20% der Einwohner aus vier untersuchten Stadtteilen Verwandte im „eigenen Stadtteil" hatten. Vgl. Elisabeth Pfeil: Die Großstadtfamilie. In: Günther Lüschen und Eugen Lupri (Hrsg.): Soziologie der Familie (Sonderheft 14 der Kölner Zeitschrift für Soziologie und Sozialspsychologie). Opladen 1970, S. 412–432, hier: S. 423.

Hans-Georg Wehling

Heimat Verein

Leistung und Funktionen des lokalen Vereinswesens

Eine zweite Heimat

„Hier lebe ich.
Und will auch einst begraben sein
in mein' Verein"
heißt es in dem Gedicht von Kurt Tucholsky „Das Mitglied" (1927).
Die Wortverbindung „Heimat Verein" signalisiert, daß für viele Menschen in unserem Land der Verein, *ihr* Verein, eine zweite Heimat geworden ist: im trauten Kreis der Vereinskameraden fühlt man sich wohl, zu Hause. Heimat hier ist also ein Synonym für Geborgenheit, emotionale Bindung, menschliche Nähe, die einen sagen läßt: „Vereinskamerad", „Sangesbruder".
Diese Geborgenheit kann nur der *lokale* Verein, der Verein im eigenen Dorf, im Stadtteil, in der Kirchengemeinde vermitteln, nicht der überregionale *Verband.* Oder jedenfalls nur, wenn der überregionale Verband sich eine lokale Vereinsseite zulegt.
Das Wortspiel „Heimat Verein" verknüpft *Raum und zwischenmenschliche Beziehungen.* Heimat, Heimatgefühl, Heimatbewußtsein leben vom Bezug zum Raum, zu angebbaren, unverwechselbaren landschaftlichen und baulichen Eigenheiten. Heimat als räumliche Besonderheit steht zugleich stellvertretend für Erlebnisse und zwischenmenschliche Beziehungen, die sich in diesem Raum abgespielt haben. Solche zwischenmenschlichen Beziehungen verdichten sich in besonderer Weise im Verein. Somit wird über die „Heimat Verein" ein intensiver Bezug zur Heimat als Raum hergestellt.
Damit sind aber bei weitem nicht alle Funktionen beschrieben worden, die der Verein für das einzelne Mitglied hat. Möglicherweise vermag nicht einmal jeder lokale Verein diese Funktionen auszufüllen. Zudem hat der Verein nicht nur seine Bedeutung für den einzelnen, sondern auch für die Gesellschaft, und das nicht nur für die lokale Gesellschaft.

Vereine sind, wie alle menschlichen Schöpfungen, nicht nur segens-
reich, sondern beinhalten immer auch bestimmte Gefahren. Das
alles wird darzustellen und abzuwägen sein. Doch zunächst sollten
zwei Vorfragen beantwortet werden: Was ist eigentlich ein Verein?
und: Unter welchen historischen Bedingungen ist unser Vereinswesen entstanden?

Lokale Freizeitvereine

Vereine sind *freiwillige, auf Dauer angelegte Zusammenschlüsse
von Individuen zur Erreichung von Zielen,* die *gemeinsam besser*
verfolgt werden können.
So gefaßt gehören auch Gewerkschaften und Parteien, das Deutsche Rote Kreuz ebenso dazu wie die Freiwillige Feuerwehr, der
Turn- und Sportverein, der Liederkranz, die Narrenzunft. Der *Rechts-
form* nach – e.V. – stimmt das auch zumeist. Um genauere Aussagen
zu ermöglichen, sollte man zwischen verschiedenen *Vereinstypen*
differenzieren. Wir tun das einmal nach der *Ebene,* auf der die
Vereine tätig werden, zum anderen nach der *Zielsetzung.* Schließlich
könnte man noch nach dem Grad der *Mitgliederbindung* an den
Verein unterscheiden. Danach gibt es einmal *lokale* und *überlokale*
Vereine. Zum anderen gibt es *politische* Vereine (= Parteien), *wirtschaftliche* Vereine (= Wirtschaftsverbände wie Gewerkschaften,
Arbeitgeberverbände, Ärzteverbände, Bauernverbände usw.) und
*Freizeit*vereine (wie Männergesangverein, Tennisclub usw.). Vom
Grad der *Mitgliederbindung* her gesehen gibt es Vereine, die nichts
weiter als bestimmte *Dienstleistungen* erbringen, die dann in Form
eines Mitgliedsbeitrages bezahlt werden: Der ADAC gehört dazu,
auch mancher Sportverein bewegt sich in diese Richtung.
Diese Unterscheidungen treffen wir nur aus *analytischen* Gründen,
im *Alltag* gibt es durchaus *Verwischungen,* wenn etwa politische
Parteien auf lokaler Ebene als Verein unter Vereinen auftreten und in
starkem Maße dem Geselligkeitsbedürfnis ihrer Mitglieder Rechnung
zu tragen suchen (was, wie wir sehen werden, eine Erfolgsbedin-
gung ist).
Keine Vereine sind unserer Definition zufolge: *Kirchen,* Körperschaf-
ten mit *Zwangsmitgliedschaft* (zum Beispiel Kammern), *Bürgerinitiativen* (fehlende Dauer). Sehr wohl aber können sich zum Beispiel
Kirchen einen Kranz von Vereinen zulegen, die von ihr inspiriert sind.
Im folgenden wollen wir uns auf jene Merkmalskombination konzen-
trieren, die wir als lokale Freizeitvereine mit starker Mitgliederbindung bezeichnen.

Eine ziemlich junge Erscheinung

Vereine sind keine „Naturgegebenheit", sondern historisch gesehen eine ziemlich junge Erscheinung. Vereinsbildung setzt die Freiheit des Individuums voraus, das – befreit von traditionalen und zwanghaften Einbindungen – nach neuen, jetzt aber frei gewählten Gesellungsformen sucht. Die frühesten Vereine entstehen so im 18. Jahrhundert; die eigentliche „Gründerzeit" unseres gegenwärtigen umfassenden Vereinswesens ist das 19. Jahrhundert, wie jedem schon bei Beobachtung der vielen Vereinsjubiläen der letzten Jahre auffällt. Als der bayerische Reiseschriftsteller *Ludwig Steub* ein Vierteljahrhundert nach seiner ersten Reise von 1844 wieder nach Bozen kommt, notiert er:

„Seit dem Jahre 1844 hat sich auch in Bozen vieles verändert . . . Die Bozener Section des deutschen Alpenvereins, die 1869 gegründet worden ist, ist äußerst thätig . . . Seit dem Jahre 1854 besteht zu Bozen ein katholischer Gesellenverein, der jetzt gegen 150 Mitglieder zählt . . . Während der letzten 20 Jahre hat sich das Vereinswesen in Bozen überhaupt sehr üppig entfaltet. Es bestehen da außer dem Alpen- und Gesellenverein auch ein Gartenbauverein, ein Verein zur Pflege kirchlicher Kunst und zur Erhaltung der Baudenkmale, ein Musikverein zur Förderung classischer Musik, ein Turnverein, ein liberal-constitutioneller, ein politisch-conservativ-catholischer Verein, zwei Lesevereine, reichlich ausgestaltet und weit erhaben über den Embryo, den wir damals bemitleidet u. s. f."[1].

Vereine sind *zunächst ein städtisches Phänomen,* weitgehend getragen von Oberschicht und Intellektuellen. Denn hier setzt zuerst die Emanzipation ein. Deutlich wird hier auch, daß das moderne Vereinswesen ein „funktionales Äquivalent" sein will zu früheren Bindungen, in die man hineingeboren wurde (siehe Gesellenverein). Vereine sollen nicht zuletzt auch abmildern, was als Konsequenz und als Gefährdungen die neue Zeit mit sich bringt („Verein zur Erhaltung . . ."). Gerade das aufkommende und sich sehr weit verzweigende katholische Vereinswesen ist aus solchen Motiven zu erklären (s. u.).

Städtischer Import

Auf dem Lande ist das Vereinswesen demgegenüber städtischer Import, von städtisch Beeinflußten gegründet:

„Es sind Pfarrer, Lehrer, Bürgermeister, Ratschreiber, Fabrikanten, städtische Zuzügler verschiedenster Berufszugehörigkeit, manchmal auch eingesessene Grundherren, die alle in der Absicht handeln, durch das Instrument des Vereins die Dorfbevölkerung teilhaft werden zu lassen: an mehr Bildung und Wissen, an neuen Gesellschaftsformen und Kulturinhalten . . ."[2]).

Auch das setzt natürlich voraus, daß im Dorf der gesamtgesellschaftliche Strukturwandel spürbar ist.

Heute sind Vereine eher ein ländliches und kleinstädtisches Phänomen oder vorsichtiger formuliert: der Prozentsatz der Vereinsmitglieder nimmt mit zunehmender Ortsgröße ab:

Vereinsmitgliedschaften in Prozent					
Land	Klein-stadt	Mittel-stadt	Groß-stadt	Millionenstadt	
				Innen	Außen
47	48	44	40	33	31

Quelle: H. Dunckelmann, Lokale Öffentlichkeit, Stuttgart 1975, S.109.

Katholisches Vereinswesen – Arbeitervereine

Von dem generellen gesamtgesellschaftlichen Strukturwandel, den man als sozialen Differenzierungsprozeß kennzeichnen kann, ist die jeweilige *konkrete historische Situation* zu unterscheiden, die dann tatsächlich zur Gründung ganz bestimmter Vereinsarten führte. Hier ist für das 19. Jahrhundert vor allem auf das katholische Vereinswesen und das Arbeitervereinswesen zu verweisen. Beiden gemeinsam ist ihr *umfassender Charakter,* der für jedes Bedürfnis und jede Lebensregung den passenden Verein bereithält mit dem Ziel, eine eigene Subkultur aufzubauen, die dem einzelnen Katholiken beziehungsweise dem (nichtkatholischen) Arbeiter *Schutz und Selbstbewußtsein* in einer als feindlich empfundenen Umwelt gewähren sollte.

Die *Katholiken* in Deutschland fanden sich nach der „napoleonischen Flurbereinigung" von 1803/1806 in Staaten wieder, die protestantisch oder liberal-antiklerikal oder sowohl als auch regiert waren. Sie empfanden sich von daher als unterprivilegiert. Zugleich galt es von seiten der Kirche, Dämme gegen einen allgemeinen, langfristigen Säkularisierungstrend zu errichten. Das *Zentrum* als katholische Partei war in diesem Kontext nichts weiter als der politische Arm dieses umfassenden Vereinswesens, das sich, von daher auch ganz selbstverständlich, etwa bei Wahlen auf dieses Vereinswesen stützte.

Ähnlich liegen die Verhältnisse bei der SPD und den *Arbeitervereinen.* Das umfassende, ausdifferenzierte Arbeitervereinswesen sollte ein Vehikel zur Emanzipation der Arbeiterschaft sein, eine Emanzipation, die auch darin bestehen sollte, sich die Errungenschaften des Bürgertums anzueignen wie Wandern (Naturfreunde), Singen (Arbeitergesangverein), Lesen (Büchergilde Gutenberg) und Theaterspielen (Naturtheater u. ä.).

Die Bedeutung des Vereins für den einzelnen

Kein Verein ist *streng funktional* nur auf ein einziges Ziel hin ausgerichtet. Jeder Verein nimmt sowohl für den einzelnen wie für die Gesellschaft eine *Fülle von Funktionen* wahr, die wir hier im einzelnen aufzulisten versuchen. Dabei kann man zwischen *primären,* also bewußt angestrebten, Funktionen und *sekundären* unterscheiden, die quasi als „Dreingabe" erscheinen. Für den einzelnen hat der lokale Freizeitverein folgende *primäre Funktionen:*

1. *Befriedigung von Freizeitbedürfnissen,* wenn dazu mehrere Personen erforderlich sind (zum Beispiel Gesangverein, Kegelclub) oder einer allein die erforderlichen Einrichtungen nicht anschaffen und unterhalten kann oder beides (zum Beispiel Sportvereine). Viele der erforderlichen Freizeiteinrichtungen werden dabei mit Opferbereitschaft in Eigenarbeit, gemeinsam, erstellt.

2. *Befriedigung von Geselligkeitsbedürfnissen.* Das ist immer ein wichtiger Nebenzweck, wenn nicht gar oftmals der eigentliche Hauptzweck von Vereinen.

3. *Befriedigung von Geborgenheitsbedürfnissen,* nach menschlicher Nähe und Wärme in einer Welt, die den einzelnen immer mehr auf sich selbst zurückzuwerfen sucht. Geborgen fühlt man sich vor allem im Kreis Gleichgesinnter. Von daher geht die Vereinsmitgliedschaft immer auch mit einem gewissen Konformitätsdruck einher; dem gibt man nach oder wechselt den Verein.

4. Die Chance, sich außerhalb einer festen sozialen Schichtung und vorgegebener Befehlsstrukturen am Arbeitsplatz als *Mensch unter Menschen* zu bewegen und zu bewähren (zum Beispiel im Sport). Sagt doch „Das Mitglied" bei *Tucholsky:*
   „Da draußen bin ich nur ein armes Luder.
   Hier bin ich ich – und Mann und Bundesbruder
   in vollen Reihen."

5. *Wechselseitige Stützung von Idealen,* die man als gefährdet ansieht. Diese Funktion erfüllen vor allem kirchliche Vereine und Arbeitervereine in breitem Umfang. Man braucht dabei nicht nur an den Christlichen Verein Junger Männer oder an Jungfrauenkongregationen zu denken.

6. *Erhöhung des einzelnen über sich selbst,* indem die Vereinszugehörigkeit auf ihn positiv abfärbt. Wenn der Musikverein für sein Fest in der Zeitung gelobt wird, fühlt sich auch das einzelne Vereinsmitglied gelobt. Wer gäbe schon einem einfachen Vereinsmitglied einen Orden, wenn nicht der Verein die Goldene Ehrennadel (kennzeichnenderweise nicht für besonders gutes Singen, sondern für jahrelange Vereinstreue und weil man fast nie eine Chorprobe ausgelassen hat!). Selbst wenn man zu Grabe getragen wird, sorgt der Verein dafür, daß es „eine schöne Leich" gibt: Der Verein ist geschlossen dabei, legt einen Kranz mit Schleife

nieder, eine Abschiedsrede wird gehalten, ein Abschiedslied ge-
sungen.
7. Die Chance, relativ unabhängig von Beruf, Bildungsgrad und
Einkommen *Ansehen und Einfluß* zu gewinnen, namentlich durch
aktive Vereinszugehörigkeit, Vorstandsamt.

Als eher *sekundäre* Funktionen kommen hinzu:

8. Die Chance, *Fähigkeiten und Fertigkeiten* zu entwickeln, die am
Arbeitsplatz für die meisten nicht gefragt sind und deshalb sonst
nirgendwo trainiert werden können, wie freies Reden, Argumentie-
ren, sich Durchsetzen, Versammlungen Leiten, Organisieren.
9. *Reduktion von Komplexität,* indem die Gruppe Wertvorstellungen,
Einstellungen, Beurteilungskriterien vorgibt. Der einzelne wäre
überfordert, wenn er sich immer und überall von Grund auf eine
eigene Meinung erarbeiten müßte.

Die Bedeutung für die Gesellschaft

In ähnlicher Weise lassen sich die Funktionen auflisten, die die
Vereine für die Gesellschaft wahrnehmen. Als *primäre* Funktionen
sind anzusehen:

1. *Kulturelle Funktionen*
Auch in den Augen der Vereine und ihrer Mitglieder würde diese
Funktion zweifellos an erster Stelle genannt werden. Und in der
Tat: in vielen Gemeinden würde ohne die Aktivitäten der Vereine
wenig „laufen". Das gilt zunächst und vor allem einmal für die
eigenen Darbietungen der Vereine: ein Liederabend, ein Laien-
spiel, ein sportlicher Wettkampf. Sicher gäbe es auch einen Teil
der *Freizeitinfrastruktur* wie Vereinsheime, Hallen, Sportstätten
nicht, wenn die Vereinsmitglieder sie nicht mit erheblicher Eigen-
leistung errichtet hätten bzw. beharrlich auf deren Errichtung von
seiten der Gemeinde gedrungen hätten.
Dann aber auch geben Vereine den *Rahmen* ab *für Veranstaltungen:* Vereine sind in der Lage, Referenten, Sänger oder Orche-
ster u. ä. von auswärts zu gewinnen und für eine Mindestbeteili-
gung zu sorgen (ohne die niemand von außen käme). Damit
geben die Vereine wichtige *Impulse,* die verhindern, daß die
Gemeinden „im eigenen Saft schmoren". Beispiele für solche
Aktivitäten geben zum Beispiel die Landfrauenvereine, Kolpings-
familien und so fort.
Vereine sind vor allem aber auch zu einem Gutteil Träger lokaler
Feiern und *Feste,* deren Funktion man so beschreiben kann:
„Feste und Feiern unterbrechen den Alltag; sie heben ihn nicht
auf, aber sie helfen, den Alltag zu bewältigen . . . Beide Arten der
Bewältigung des Alltags, ‚Sinnzuschreibung' in der Feier, Aufhe-
bung im Fest, sind unmittelbar notwendig für die individuelle

Lebensführung als auch für die Aufrechterhaltung sozialer Ordnungen"[3]).

Im Gefolge der *Gemeindereform* haben Dorffeste, weitgehend organisiert und durchgeführt von Vereinen, die Aufgabe der *Identitätssicherung* für die alten Gemeinden übernommen, die ihre politisch-verwaltungsmäßige Selbständigkeit verloren haben; so will man zeigen: „Wir sind noch da."

2. *Interessenartikulation und Interessenvertretung*

Vereine werden gegründet, weil man gemeinsame Interessen hat. Sehr schnell erfährt man, daß die Eigenarbeit nicht immer ganz ausreicht, die notwendigen Gemeinschaftseinrichtungen zu schaffen: Man wird bei der eigenen Gemeindeverwaltung vorstellig, um eine finanzielle Unterstützung zu erlangen. Überörtlich schließt man sich zu Dachverbänden zusammen, einmal natürlich, um sich auch überörtlich aneinander messen zu können (Gauturnfest, Gausängerfest), zum anderen aber auch, um überörtlich politisch seine Interessen durchzusetzen. So lernt das Vereinsmitglied ganz von selbst, daß in einer Massendemokratie der einzelne wenig zählt: Was nicht organisiert ist, existiert nicht. Auch die Techniken moderner Interessenvertretung werden so gelernt und eingeübt, was bereits ein wichtiges Stück politischer Sozialisation ist (s. u.).

Hinzu kommen zahlreiche *sekundäre* Funktionen:

3. *Bindung des einzelnen an seinen Wohnort*

Vereinsmitgliedschaft verwurzelt mit dem Wohnort, bindet an die Heimat, die hier als soziales Geflecht erkennbar wird. Vereinsmitgliedschaft erhöht die Zufriedenheit mit der Wohngemeinde und hemmt die Wegzugsbereitschaft. Auch ein besseres Arbeitsplatzangebot, differenziertere Bildungsmöglichkeiten für die Kinder, bessere Einkaufsmöglichkeiten und Freizeitangebote können das engagierte Vereinsmitglied nicht so einfach zum Wegzug verleiten. Eher nimmt man unbequeme Pendlerwege in Kauf. Der ländliche Raum wäre in ganz anderem Maße der Entleerung und der „sozialen Erosion" ausgesetzt, gäbe es nicht das weitverzweigte stabilisierende Vereinswesen, das den einzelnen an seine Heimat bindet.

4. Das Vereinswesen kann somit auch ein *konservatives* Element sein, ein Element der Kontinuität gegen alle abrupten Brüche auch politischer Art. Auf der anderen Seite kann damit die Gefahr der Erstarrung verbunden sein.

5. *Integration* unterschiedlicher Bevölkerungsgruppen in die Gemeinde.

Diese These ist in Deutschland zuerst von *Renate Mayntz* vertreten worden:

„Die Vereine gliedern den Einzelmenschen in eine soziale Gruppe ein. Aufgrund ihrer Offenheit üben sie damit eine wichtige integrierende Funktion für den Ort, für die Gemeinde aus. Damit sind die

Vereine ein wichtiges Instrument zur Annäherung gegensätzlicher Gruppen in der Gemeinde geworden"[4]).

Die These ist immer wiederholt worden, obwohl die *empirischen Funde sehr oft dagegen* sprechen. So orientierte sich das Vereinswesen in der Bergbaugemeinde „Steinfeld" streng an der sozialen Schichtung, der regionalen Herkunft und der Konfession[5]). Ähnlich sah es mit den Vereinsgründungen in Weinheim an der Bergstraße aus, wo zudem noch eine Orientierung an den örtlichen Fabriken hinzukam (zum Beispiel Gesangverein „Eintracht" für Angehörige der Firma Freudenberg, „Badenia-Singchor" für die der Maschinenfabrik Badenia)[6]). So resümiert denn auch *H.-Jörg Siewert* zu Recht:

„Angesichts der gegensätzlichen Ergebnisse von Einzelfallstudien mögen die frommen Hoffnungen von der integrativen Wirkung des Vereinslebens recht fragwürdig erscheinen. Zumindest ist nach Vereinstypen und Gemeindekontexten zu unterscheiden"[7]).

In den Bereich der *politischen Sozialisation* gehören folgende sekundäre Funktionen:

6. *Sozialisation von Fähigkeiten und Fertigkeiten,* die man für das öffentliche Leben braucht, wie Reden, Überzeugen, Organisieren, Taktieren und so fort. Damit wird zugleich geleistet:
7. *Heranführen unterer sozialer Schichten an die Politik* und an politische Aktivitäten, gerade wenn die Vereine sozial offen sind. Damit können die Vereine zugleich einen
8. *Beitrag zur Demokratisierung* der Gesellschaft leisten. Daß sie dazu in der Lage waren und immer noch sind, zeigt besonders das katholische Vereinswesen und das Arbeitervereinswesen.

Nur positive Wirkungen?

Nichts auf dieser Welt ist vollkommen, und es wäre wirklichkeitsfremd, zu glauben, Vereine übten nur positive Funktionen für den einzelnen und die Gesellschaft aus. Von diesen – möglicherweise bestehenden – negativen Funktionen sind wiederum solche Kritikpunkte zu trennen, die eher ein Ungenügen gegenüber den eigenen Ansprüchen markieren. Dazu gehören etwa die Vorwürfe mangelnder sozialer Offenheit, zu geringer Offenheit gegenüber Zuzüglern, zu geringer Attraktivität für Jugendliche und mangelnder Toleranz. Doch zunächst zu solchen *Funktionen,* die negativ bewertet werden müssen.

Max Webers provozierende These

Sozialisierend wirken Vereine nicht nur, wenn es um Fähigkeiten und Fertigkeiten geht. Auch das *Wertsystem* einer Gemeinde wird in starkem Maße vom Vereinswesen geprägt und im Rahmen der Vereine und Vereinsveranstaltungen *weitergegeben.* Eine Analyse von Festreden, aber auch der Inhalte von Festveranstaltungen wie Schützenfeste oder gar Kinderfeste, würde das zeigen[8]).

Max Weber geht noch einen Schritt weiter und äußert den Verdacht, das Vereinswesen könnte – wenigstens in Teilbereichen – langfristig gesehen auch politisch *domestizierende* Wirkungen zeitigen – und zwar ganz und gar nicht in demokratieförderlicher Weise. So sagte er auf dem Ersten Deutschen Soziologentag in Frankfurt am Main 1910 über die Gesangvereine unter anderem:

„Ein Mensch, der täglich gewohnt ist, gewaltige Empfindungen aus seiner Brust durch seinen Kehlkopf herausströmen zu lassen, ohne irgendeine Beziehung zu seinem Handeln, ohne daß also die adäquate Abreaktion dieses ausgedrückten Gefühls in entsprechend mächtigen Handlungen erfolgt – und das ist das Wesen der Gesangvereinskunst –, das wird ein Mensch, der, kurz gesagt, sehr leicht ein ‚guter Staatsbürger‘ wird, im passiven Sinn des Wortes. Es ist kein Wunder, daß die Monarchen eine so große Vorliebe für derartige Veranstaltungen haben. ‚Wo man singt, da laß dich ruhig nieder.‘ Große starke Leidenschaften und starkes Handeln fehlen da"[9]).

Das ist zunächst nichts weiter als eine *Hypothese,* wenn auch eine provozierende. Und eine Hypothese ist nichts weiter als ein Verdacht, der sich bestätigen kann oder aber widerlegt wird. Falsch wäre es jedoch, sich nicht provozieren zu lassen und die Spur nicht weiterzuverfolgen.

Sicher kommt es auch darauf an, *welche* Lieder man singt. Lieder können durchaus auch zum Handeln anfeuern. Nicht zufällig gibt es Revolutionslieder und Kampflieder. Auch die Arbeiterbewegung hatte ihr eigenes Liedgut, das ihr Selbstbewußtsein und Bereitschaft, für ihre Ziele zu kämpfen, geben sollte.

Auch *Heimatlieder* müssen durchaus nicht nur beschwichtigen, können vielmehr deutlich machen, welche Diskrepanz zwischen besungener Wirklichkeit und tatsächlicher Naturzerstörung besteht.

Beschäftigungstherapie?

Viel harmloser klingt demgegenüber der Verdacht, Vereine könnten auch dazu da sein, besonders aktivitätshungrige und unruhige Bürger zu *beschäftigen* und damit von anderen, sinnvolleren, Tätigkeiten abzulenken. Die ältere Partizipationsforschung hat eine solche Wirkung des Vereinswesens als durchaus funktional, sprich: erwünscht, angesehen: Sie geht dabei von einem *Partizipationsoptimum* aus, das für eine stabile Demokratie nicht überschritten werden dürfe: Allzu viel sei ungesund. Dem Vereinswesen, weitgehend aber auch der Kommunalpolitik, komme nun die Funktion zu, den Partizipationsüberschuß zu absorbieren, um somit den Eliten das ungestörte Regieren zu ermöglichen: Vereinsaktivität also als Beschäftigungstherapie für Gschaftelhuber, die dann mit ihrem Tätigkeitsdrang auf gesamtgesellschaftlicher Ebene kein Unheil mehr anrichten können[10]).

Man kann ein solches Verständnis von Partizipation sehr leicht als zynisch abtun und auf die positiven Leistungen des Vereinswesens verweisen, die zeigen, daß Partizipation einen meßbaren Effekt hat. Beherzigen sollte man jedoch, daß in der genannten Auffassung durchaus auch Gefahren beschrieben werden, denen Betätigung in Vereinen immer wieder zu erliegen droht: purer Selbstzweck, Aktionismus ohne Sinn und Verstand, Gschaftelhuberei.

Wie offen sind eigentlich die Vereine?

Mißt man die Vereine an ihren eigenen Ansprüchen, dann kommt man an der Frage nach deren Offenheit und Attraktivität (etwa für Jugendliche) nicht vorbei. Wie sozial offen sind eigentlich die Vereine? Spiegeln sie die Sozialstruktur der Bundesrepublik wider oder gibt es mit einer gewissen Regelmäßigkeit Besonderheiten? Verschärfen sich diese Besonderheiten noch, wenn man die Zusammensetzung der Vereinsvorstände betrachtet? Wie sieht es mit der Teilnahme von Frauen am Vereinswesen aus?

Dazu einige Daten aus einer empirischen Untersuchung von *Henning Dunckelmann:* Nach der *Schichtzugehörigkeit* „Gehobene" sind demnach 1,8mal so oft Vereinsmitglied wie Arbeiter, besser Verdienende 1,6mal so oft wie Befragte mit geringem Einkommen, Befragte mit höherer *Schulbildung* ebenfalls 1,6mal so oft wie Befragte mit Volksschulbildung. *Männer* sind 1,9mal so oft Vereinsmitglieder wie Frauen; *auf dem Land* ist dieser geschlechtsspezifische Unterschied noch *ausgeprägter:* Hier sind Männer 2,6mal so oft Vereinsmitglied wie Frauen[11]). Ohne daß das systematisch untersucht worden wäre, läßt sich zumindest als Behauptung formulieren, daß diese Ungleichheiten in den Vorständen der Vereine noch wesentlich ausgeprägter sind als in der Mitgliedschaft insgesamt.

Sicher wird man hier *nach Vereinstypen differenzieren* müssen. So dürfte die soziale Zusammensetzung eines Fußballvereins wesentlich ausgeglichener sein als die eines Tennis-, Golf- oder Reitclubs, die allzu oft als „Bonzenvereine" wahrgenommen werden und sich selbst, etwa durch entsprechend hohe Mitgliedsbeiträge, sozial abschließen. Auch die teilweise hohen Kosten für die Ausrüstung sind für die einen abschreckend, für die anderen eine willkommene Gelegenheit zum „demonstrativen Konsum", um sich sozial abzuheben.

Nach dem jeweiligen Vereinstyp differenzieren muß man auch, wenn man nach der *Offenheit gegenüber Zuzüglern* fragt. Je sozial exklusiver ein Verein ist, desto offener ist er gegenüber Zuzüglern. Vereine, deren Aktivitäten stark nach außen gerichtet sind (Wettkämpfe) und die von daher vor allem durch Leistung brillieren wollen (Sport), sind gegenüber Zuzüglern am offensten; sie nehmen sogar Gastarbeiter auf, wenn sie entsprechende Leistungen zu erbringen vermögen. Ausgesprochene Alteingesessenen-Vereine sind demgegenüber vielfach Gesang- und Musikvereine und Schützenvereine. Als Regel kann gelten: Die Wahrscheinlichkeit der Vereinszugehörigkeit ist um so größer, je länger die Wohndauer am Ort ist. Auch zwischen Geborensein am Ort und Haus- und Grundbesitz am Ort und Vereinszugehörigkeit bestehen deutliche Zusammenhänge. Vereinszugehörigkeit kann somit ein *Indikator für Zugehörigkeit und Integration* in die jeweilige Gemeinde sein[12]).

Mangelnde Attraktivität bei Jugendlichen?

Zur Jugendlichenrolle gehört es, nicht von vornherein unbesehen alles zu übernehmen, was die Erwachsenenwelt bereithält, sondern zunächst einmal auf Distanz zu gehen. Vieles aus der Erwachsenenwelt wird zunächst einmal als „spießig" abgelehnt, auch als im Angebot zu eng: „Singen und Saufen oder Löschen und Saufen oder Kicken und Saufen"[13]).

Überall auf dem Lande, aber auch in der Stadt können „Lallesplätze" beobachtet werden, feste Orte, wo Jugendliche sich zwanglos treffen: Milchsammelstelle, Filiale von Raiffeisenbank oder Kreissparkasse, Bushaltestelle (die Unterstellmöglichkeit spielt bei der Wahl des Ortes immer eine Rolle). *Jugendhäuser* werden von der Gemeinde gefordert, damit die Jugendlichen auch einmal unter sich bleiben können; und am Abend findet dann die Flucht aus der eigenen Gemeinde statt: mit dem Moped, dem Motorrad, dem Auto in die nächste Stadt, in die Diskothek und so fort.

Wenn es um Jugendhäuser geht, sehen sich die Gemeinden vielfach vor einem *Verteilungskonflikt:* mehr Geld für die vereinseigene Jugendarbeit oder für die offene Jugendarbeit der Gemeinde selbst? Die „Vereinsfärbung" der Gemeinderäte führt dabei zumeist zu einer Bevorzugung der Vereine. Dabei wird gern übersehen, „daß die politische Alternative: ‚Kommunalisierung oder Subsidiarität' den Problemen, denen sich kommunale Jugendpolitik gegenübersieht, nicht gerecht wird"[14]).

Schließlich sind schon Vereinsaktivitäten und informelle Jugendtreffs nicht unbedingt Gegensätze. Viele Jugendliche, die treu und brav in den Musikverein gehen, kann man auch im Jugendhaus wiedertreffen. Hier manifestiert sich einfach auch der Übergangscharakter des Jugendalters.

Vereine in der Lokalpolitik

Nicht nur das Beispiel Jugendpolitik zeigt: Vereine haben Einfluß sowohl auf die *Inhalte* als auch auf den *Ablauf* von Kommunalpolitik. Vereine treten zunächst einmal als *Lobbyisten in eigener Sache* auf: Sie wollen Zuschüsse der Gemeinde für ihren Haushalt. Dem versuchen die Gemeinden gerecht zu werden, indem sie nach einem bestimmten Schlüssel Zuwendungen an alle Vereine geben.

Vereine tragen darüber hinaus bestimmte Wünsche und Interessen an die Gemeinde heran, die vielfach *über ihre eigenen unmittelbaren Bedürfnisse hinausgehen*. Sie treten hier als Anwalt der Bürgerschaft auf, wenn sie beispielsweise Hallen, Sportstätten u. a. fordern. Dabei können sie nahezu immer mit offenen Ohren rechnen, das um so mehr, je größer und angesehener sie sind.

Hiltrud und Karl-Heinz Naßmacher gehen noch einen Schritt weiter, wenn sie formulieren:

„Bedürfnisse, die sich nicht in Vereinsform darstellen, werden nicht sichtbar und gelten als unwichtig"[15]).

Da das Vereinswesen – wie wir gesehen haben – nicht alle Bürger umfaßt, bestimmte Bedürfnisse (wie Sport aller Arten) sich stärker als andere auf lokaler Ebene in Vereinsform organisieren, das Vereinswesen insgesamt also nicht repräsentativ für die Gesamtbürgerschaft einer Gemeinde ist, ist die *Selektionswirkung* des Vereinswesens *für die Inhalte kommunaler Politik* nicht unproblematisch.

Verstärkt wird diese Selektionswirkung noch dadurch, daß auch der Zugang zu den Kandidatenlisten der Parteien und Wählervereinigungen sehr stark über die Vereine führt, wie man leicht an den Kandidatenprospekten ablesen kann. Vereine bilden die Basis kommunaler Karrieren und stellen die Hausmacht einflußreicher Gemeinderatsmitglieder dar. Die Vereinsvorstände sind vielfach die modernen Honoratioren unserer Gemeinden.

Kein Bürgermeister kann es sich gestatten – zumal wenn er sich bald erneut zur Wahl stellen muß –, den Generalversammlungen der Vereine fernzubleiben, von den Vereinsfesten ganz zu schweigen. Hier wird er dann formell wie informell mit Wünschen und Forderungen an die Gemeinde konfrontiert. Einen Fall für sich bilden in den Städten die häufig anzutreffenden *Stadtteilvereine* bzw. *Bürgervereine*. Sie sind ausdrücklich dazu gebildet, die lokalen Belange ihres Viertels oder Stadtteils (der vielfach ursprünglich einmal selbständig war) zu vertreten, aber auch ein Sonderbewußtsein – im Sinne eines Heimatbewußtseins – zu pflegen (so geben sie beispielsweise auch

Heimatblätter und Heimatbücher heraus). Ihr Einfluß auf die Zusammenstellung der Kandidatenlisten aller Parteien bei Gemeinderatswahlen ist manchmal beträchtlich. Sie leisten damit aber auch vielfach ein erhebliches Maß an *Rückkopplung* der Kommunalpolitik an die Bürgerschaft.

Die *Parteien* bemühen sich ihrerseits, sich den Einfluß der Vereine zunutze zu machen, indem sie versuchen, ihre Leute in den Vereinsvorständen „unterzubringen". Wer ein politisches Amt erstrebt, tut gut daran, zunächst einmal in einem wichtigen Verein Karriere zu machen; ein Vorstandsposten ist allemal ein gutes Sprungbrett.

Die Bedeutung des Vereinswesens in der Gemeinde hat *Einfluß auch auf den Ablauf von Kommunalpolitik.* So vertritt *Hans-Martin Haller* die Hypothese, daß der unpolitische Charakter von Kommunalpolitik mit der Bedeutung des Vereinswesens zusammenhänge:

„Bei der Tätigkeit als Gemeinderat lassen sich die aus dem Vereinswesen kommenden Abgeordneten aber nicht von politischen Gesichtspunkten leiten, sondern sehen ihre Aufgabe darin, auch in der Lokalpolitik die sozialintegrative Tätigkeit fortzusetzen, das Gemeinschaftsideal der Vereine zur kommunalpolitischen Norm werden zu lassen. Dies leistet der Entpolitisierung des Kommunallebens erheblichen Vorschub"[16]).

Die Konkurrenz – wenn nicht gar die Dominanz – des Vereinswesens auf lokaler Ebene verleitet *lokale Parteiorganisationen* dazu, als „Verein unter anderen (aufzutreten), der Familienausflüge und Sommerfeste für die Mitglieder organisiert und allenfalls periodisch einen von den oberen Parteigliederungen vermittelten Wahlredner präsentiert, so wie andere Vereine für die Außendarstellung beispielsweise ihre jährliche Kleintierschau veranstalten"[17]).

Das muß man nicht negativ bewerten. Zu beachten ist nämlich, daß zwischen dem einzelnen und dem politischen System, zwischen dem einzelnen und der politischen Partei, die er mit einem Mandat beauftragt, eine *Fülle komplizierter Vermittlungsprozesse* stattfindet, an denen die Vereine maßgeblichen Anteil haben. Weder eine Pflanze noch eine Partei stecken so einfach im Boden bzw. in der Gesellschaft, und die Nahrungsaufnahme, die sie blühen und gedeihen läßt, erfolgt nicht unvermittelt. Wie jede Pflanze einer Fülle von Mikroorganismen in ihrem Wurzelbereich bedarf, die ihr die Nahrung aufschlüsseln, brauchen auch die Parteien vermittelnde Strukturen. Dazu gehören sowohl die Vereine wie auch der Vereinscharakter der Parteien auf lokaler Ebene. *Albrecht Lehmann* konnte zeigen, wie eine Partei wie die SPD in einem Arbeiterdorf allmählich verdorrte, als sie sich ganz auf ihre politische Funktion beschränkte und nicht länger Verein unter Vereinen sein wollte[18]).

Literaturhinweise

Außer der Literatur, die in den Fußnoten angeführt ist, sei hier vor allem verwiesen auf:
Walter Bühler, Horst Kanitz, H.-Jörg Siewert: Lokale Freizeitvereine. Entwicklung, Aufgaben, Tendenzen. St. Augustin 1978.
Karl Schlagenhauf: Sportvereine in der Bundesrepublik Deutschland. Schorndorf 1977.
H.-Jörg Siewert: Der Verein. Zur lokal-politischen und sozialen Funktion der Vereine in der Gemeinde. In: Hans-Georg Wehling (Hrsg.): Dorfpolitik, Opladen 1978, S. 65—83.

Anmerkungen

[1] L. Steub, Drei Sommer in Tirol, zweite vermehrte Auflage, Band 3, Stuttgart 1871, S. 30 ff.

[2] E. M. Wallner, Die Rezeption stadtbürgerlichen Vereinswesens durch die Bevölkerung auf dem Lande, in: G. Wiegelmann (Hrsg.), Kultureller Wandel im 19. Jahrhundert, Göttingen 1973, hier S. 165).

[3] W. Gebhardt, Fest, Feier und Alltag, unveröff. Manuskript, Tübingen 1983, S. 10 f.

[4] R. Pflaum (= R. Mayntz), Die Vereine als Produkt und Gegengewicht sozialer Differenzierung, in: G. Wurzbacher u. a., Das Dorf im Spannungsfeld industrieller Entwicklung, Stuttgart 1954, S. 151—182, hier S. 167 f.

[5] H. Croon/K. Utermann, Zeche und Gemeinde. Untersuchungen über den Strukturwandel einer Zechengemeinde im nördlichen Ruhrgebiet, Tübingen 1958, S. 30 f.

[6] H. Schmitt, Das Vereinsleben der Stadt Weinheim an der Bergstraße, Weinheimer Geschichtsblatt 25, 1963, S. 31.

[7] H.-Jörg Siewert, Art. Vereine, in M. u. S. Greiffenhagen/R. Prätorius, Handwörterbuch zur politischen Kultur der Bundesrepublik Deutschland, Opladen 1981, S. 507—511, hier S. 509.

[8] Vgl. R. Narr, Kinderfest, Eine pädagogische und gemeindesoziologische Studie, Neuwied 1974.

[9] M. Weber, Geschäftsbericht, in: Verhandlungen des Ersten Deutschen Soziologentages in Frankfurt 1910, Tübingen 1911, S. 52—60, hier S. 57.

[10] Vgl. dazu G. Zimpel, Der beschäftigte Mensch, München 1970.

[11] H. Dunckelmann, Lokale Öffentlichkeit, Stuttgart 1975, S. 110 ff.

[12] Vgl. dazu H.-G. Wehling, A. Werner, Kleine Gemeinde im Ballungsraum, Gelnhausen, Berlin 1975.

[13] Th. Kinstle u. a., Jugendarbeit auf dem Lande, Weinheim 1977, S. 64.

[14] H.P. Biege, Das kommunale Stundenhotel für Jugendliche. Eine Fallstudie über gemeindepolitische Scheinalternativen am Beispiel, ‚Subsidiarität' und ‚Kommunalisierung'. In: Politische Bildung, Jg. 15, 1982, Heft 3, S. 88—103, hier S. 88

[15] H. u. K.-H. Naßmacher, Kommunalpolitik in der Bundesrepublik, Opladen 1979, S. 118.

[16] H.-M. Haller, Die Freien Wähler in der Kommunalpolitik, in: H. Köser (Hrsg.), Der Bürger in der Gemeinde, Hamburg 1979, S. 335—368, hier S. 344.

[17] G. Lehmbruch, Der Januskopf der Ortspartei, in: Der Bürger im Staat 25, 1975, S. 3—8, hier S. 7.

[18] A. Lehmann, Das Leben in einem Arbeiterdorf, Stuttgart 1976.

Die Autoren

Prof. Dr. Hermann Bausinger ist Direktor des Ludwig-Uhland-Instituts für empirische Kulturwissenschaft an der Universität Tübingen.

Prof. Dr. Dr. h. c. Otto Friedrich Bollnow ist emeritierter Ordinarius für Philosophie und Pädagogik an der Universität Tübingen. Aus seinem umfangreichen philosophischen Lebenswerk sei im Zusammenhang mit diesem Aufsatz lediglich hingewiesen auf das Buch: „Mensch und Raum" (Stuttgart 4. Aufl. 1980).

Prof. Dr. Konrad Buchwald war bis zu seiner Emeritierung Direktor des Instituts für Landschaftspflege und Naturschutz an der Universität Hannover.

Prof. Dr. Rainer Jooß lehrt Geschichte und ihre Didaktik an der Pädagogischen Hochschule Esslingen.

Dr. Albrecht Lehmann ist Privatdozent für Volkskunde an der Universität Hamburg.

Prof. Dr. Hans-Georg Wehling lehrt Politikwissenschaft an der Universität Tübingen und ist Referatsleiter bei der Landeszentrale für politische Bildung Baden-Württemberg.